金色的德令哈(代序)

柯鲁克湖水映蓝天

柏树山诉说着古柏的传说

托素湖波浪吻敬星空

敖包山上飘荡着吉祥的哈达

金色的德令哈

富饶的巴音河

你的美名远扬天下

是我心中永远的家

戈壁滩的枸杞子红又甜
野马滩的芨芨草一片金黄
他拉岩画是历史的记忆
伊克阿尔牧场是动物的天堂
金色的德令哈
富饶的巴音河
你的美名远扬天下
是我心中永远的家

神奇的土地养一方儿女
清澈的河水碧波荡漾
好客的牧人欢迎宾朋
醇香的奶茶飘逸着真情
金色的德令哈
富饶的巴音河
你的美名远扬天下
是我心中永远的家
…………

此歌词是斯琴夫早期创作的歌词之一，由著名作曲家斯琴朝格图先生谱曲，著名歌唱家德德玛老师演唱，现已成为德令哈地区家喻户晓的流行歌曲。谨以此为序。

目录

第二辑 传说与神话共存的人间桃源

第三辑 古往与今来交汇的世纪美谈

第一辑　自然与人文交融的和谐家园

富饶的源头是母亲河『上』

一片原野因为拥有一条河的润泽，才能够成为水草丰美的草原；一座城市由于拥有一条河的滋养，才算是真正意义上的城池。德令哈正是这样一片被一条秀水激活了潜在的机能而变成绿风扑面、花盈双眼的草原绿洲；一座被无数朵浪花拍打出飞扬的灵感，而成为诗意盎然的西部城池。

这条孕育了德令哈的母亲河便是巴音河。每当清晨，或是黄昏——在这天地间最富情调的两个时辰走上黑石山的任何一座山头眺望：巴音河宛如一条佩戴在德令哈项颈上的蓝色锦缎，你就会觉得，在它胸前悠然飘动的波纹中闪烁着朝阳，或是晚霞的祝福和祈愿。正是这条缀满了金色、银色流苏的生命飘带，才使德令哈——这个曾经鲜为人知的牧野之地，成为今天誉满天下的金色世界。

曾经有位长期居住于此的长者对慕名来访的记者说：“到了德令哈，不去巴音河畔转一转，就等于没来德令哈。”

这话一点也不假。此时正值初春的傍晚，尽管杨柳尚未吐出新绿，鲜花绽放还有待时日，但绚烂的晚霞却将铺满整个河面。就在这时，我习惯性地沿着干净整洁的滨河大道，脚踏着隐隐约约的涛声，目视着清澈的碧波，由南向北逆流而上。这是我每天必须重温的功课，而且总是在下班的路上。如果有一天因

为公务繁忙，或是外地出差而忽略和耽误了，那种难以言表的惆怅就会让我日夜彷徨。那么现在，就不妨让我陪伴臆想中的你沿着河岸走一走，领略一下我熟悉，而你却陌生的巴音河美景吧！

巴音河，蒙古语叫“巴音郭勒”，意思是“富饶的河”，“巴音”

是“富饶”之意，“郭勒”是“河”的意思。人们之所以习惯地称之为“巴音河”，是因为蒙古语和汉语删繁就简，珠联璧合的结晶。而它蕴含的寓意可以用“多元文化相互交融”来概括。于是，从某种意义上讲，“巴音河”就是“德令哈”的代名词。而在民间，在世居的蒙古族居民中至今仍口传“德令哈”为“巴音郭勒”（巴音河）的习惯。

在蒙古族广泛分布的地区，名叫“巴音郭勒”的地名多不胜数。比如海西州都兰县巴隆草原上就有一条较大的河流名为“巴音郭勒”；再比如，新疆也有一个名曰“巴音郭勒蒙古族自治州”的地方——库尔勒是它的首府。

由此可见，“巴音郭勒”不仅蕴含着一个民族的美好祈愿，更表达了一个民族的幸福指向——富饶之河就是金色之河，梦幻之河，未来之河。德令哈便是这样一块金色之河穿城而过的福地。

“巴音河”这个名称是怎么形成的？至今没有发现有关考证的文字记载。问起此事，不论是在此游牧的世居民族，还是拓荒开发到此的内地各族，都会用不同的语言讲出同一个故事：老一辈人这么叫，我们也跟着这么叫，就这样一辈一辈叫了下来。

这不能不说是多民族的情感融汇和文化传承。因此，我认为：地名是见证一个民族和地区历史文化变迁的活化石。所以说“阿力腾德令哈”（金色世界）与“巴音郭勒”（富饶的河）是一脉相承的文化标志。无论是从生态学角度诠释这些地名，还是分析游牧民族对自然的敬畏心理，都能够体现出中华民族对自

然的态度和立场处于怎样的一个维度。

此时，满河的落霞宛如一条绝妙的江南织锦，温情脉脉地飘向暮色渐浓的绿洲深处。不知从何处传来一阵柔曼温馨的萨克斯名曲《回家》，把满城初照的华灯撒进了河中，巴音河顿时就像落地的星河，在我的眼里泪珠般闪烁。

“为什么我的眼中饱含泪水，因为我对这片土地爱得深

沉……”——巴音河，每一位路过德令哈，或居住在德令哈的人，永远都不会忘记这条美得让人窒息的河流。她的美在于自然的本性，更在于人文的情怀。她之所以成为德令哈一张靓丽的名片，是因为她用母亲甘甜的乳汁养育了一片广袤的草原，一个生机盎然的绿洲，一座时尚而诗意的城池。于是，我要对你说：富裕的源头是母亲河。

有一首《巴音河，我的母亲河》就这样唱道：

你是一条敬献生命的哈达
你是一双情系土地的暖手
你是一首千年不朽的绝唱
你是一溪永不枯竭的乳汁
巴音河……我的母亲河
你流向那金色的原野、金色的原野……

你是一条延续生命的飘带
你是一本生态理念的全书
你是一袋淘也淘不尽的史说
你是一句名垂千年的誓言
巴音河……我的母亲河
你流向那永远的家园、永远的家园……

富饶的源头是母亲河『下』

自然界的许多事物充满了哲理，就像我们生命中有许多事情需要缘分。巴音河与金色世界结缘，便是大自然慷慨的恩赐，因为这片干旱的土地需要水，于是便有了这条穿峡越谷，奔流不息的富饶之河。而我与德令哈结缘，则是我生命的必然，因为我的祖祖辈辈就生活在这里，于是便有了一种比马奶酒还要馥郁绵长，比青稞酒还要浓烈的乡愁。

人生的每一个脚步都不是白走的。同样，河流的每一滴水也不是白流的，是巴音河给德令哈注入了生命的血液，这片曾经无比荒凉寂寥的戈壁滩才有了今天风情优雅的芳容——城市，杨柳遮蔽、高楼林立、绿地如茵；街道，花团锦簇，车水马龙、行人如织；田野，麦浪摇金、花海芬芳、枸杞吐艳；草原，芳草无垠、牛羊肥壮、牧歌悠扬……

尽管我生于斯长于斯，是喝着巴音河水长大的德都蒙古子孙，我身体的每一寸肌肤、每一颗汗珠、每一滴眼泪、每一股

血液都散发着巴音河与德令哈的气息，但我依然觉得她深厚的底蕴是那样的辽阔无际，高深莫测，遥不可及……

我可以负责地对你说：巴音河不仅为德令哈的前世今生做出了最具权威的注解，更为我们书写了一部泽惠世间万物生命需要阳光、土壤、河流结缘的哲学典藏——巴音河便是这样一条孕育了德令哈的名副其实的母亲河。

巴音河是柴达木盆地北缘的一条重要河流，纵贯海西州首府德令哈市区以及周边广袤的戈壁、希望的田野、静谧的草原、风雅的绿洲。它发源于祁连山支脉的哈勒腾雪山北坡，上游称之为乌兰哈达郭勒，中游称其为阿让郭勒，下游便是由北向南，而后用一个华丽的转身迤逦西行，投身于柯鲁克湖怀抱的巴音郭勒。

巴音河全长 326 公里，流域面积 10800 平方公里，据德令哈水文站提供的数据表明：它在德令哈境内的干流长度达 200 公里，落差 1750 米，集水面积 7278 平方公里。

我曾经从巴音河的归宿之地柯鲁克湖逆流而上，探寻它的源头；我也曾经从巴音河的发祥之源哈勒腾雪山顺流而下，领略它的风采。溯源让我感慨，归程令我感念，因为在这一上一下的过程中，我忽然明白了一个道理：这就是有容乃大，海纳百川，终为一体。

此时，我就站在夕阳已被山峰阻隔，暮色即将覆盖的伊克拉高原。巴音河正是在这片高山峡谷间，接纳了无数条涓涓细流才变成了一条水量丰沛、激流如虹、涛声如雷的西部大河的。在它流经的地方，河谷两岸都是青草葳蕤、翠柏傲然、鲜花怒放的景色。而在我目之所及、思有所想的时候，仿佛有一声来自于天庭的警世名言震动了我的耳膜，回旋于我的耳廓——是穿越长谷深峡的巴音河用它千万年不竭的甘乳哺育了泽令沟的广阔田野、德令哈的密林浓荫，以及尕海、戈壁、怀头他拉的枸杞园林。试想：如果没有巴音河，哪有柯鲁克湖渔舟唱晚、江南水乡温情的意蕴呢？如果没有柯鲁克，哪有托素湖惊涛拍

岸、浪花堆雪的气势呢？此刻，远眺苍莽的远山，近看清澈的碧流，我对好友古岳先生有关山河的阐释有了别样的感慨——“每一条河的源头都耸立着一座山，山是河流的母亲。一座山和一条河加在一起就是山河。斯曰：天地造化，山河美哉！”

美丽的山河养育了德令哈，金色的德令哈又回馈了巴音河。毫无疑问，如果没有巴音河的滋润，德令哈的面貌就难以改观；如果没有德令哈的呵护，巴音河的富饶就难以体现；银色河流和金色土地也就难以结缘，青海之西的德令哈，也就更难成为戈壁滩上一道惊艳神州的风景线。

眼下，我踏着夕阳不肯散尽的余晖，走上了这座以马头琴

为设计元素而建造的幸福桥。此刻，我忽然听到了巴音河趁着满河流金，星河尚未闪烁的时候演奏的一曲《天边》。

它以深沉而悠扬的旋律，在向我讲述着一个巴音河与德令哈的故事——为了不辜负巴音河的馈赠，更为了呵护巴音河的娇容，自 2007 年起，州市两级党政便开始实施了巴音河河道综合治理工程。

为了使巴音河成为环境优美的景观之河、草木丰茂的生态之河、水清河畅的安全之河、物产丰饶的资源之河、人民安居乐业的幸福之河，德令哈凝全市之智、举全市之力，以宗务隆千百年的古柏为巨毫，饱蘸巴音河千万年的流水为浓墨，书写

出了“一河清水，两岸绿杨；朝迎彩霞，暮送夕阳；耄耋蹒跚，往事难忘；少年轻狂，前景有望；青山常在，巴音永畅”的锦绣文章。

书写这篇锦绣文章的细节是：对黑石山水库至尕海镇一棵树河段，对长达24公里的河道进行综合治理；德令哈市区河段的防洪标准由20年一遇提高到50年一遇。截至目前，已累计投资7.73亿元，市区河段9.3公里的治理工程已经完工。

巴音河综合治理项目的实施，不仅有效地防止了河床下陷及河岸坍塌，切实保护了沿岸群众生命财产及青新公路、青藏铁路等重要设施的安全；又为减少水土流失、扩大水域面积、调节地区气候，创造了难能可贵的条件；更为各族百姓提供了一个绿地遍布、环境优美、舒心娱乐的生活环境。

夕阳落入山谷，花灯取代残霞，但这一幅由巴音河浓墨重彩绘制的画卷，随着马头琴的旋律在我眼前款款铺展——这就是“青山护城、秀水润泽、循环绿色、生态良好、兴业宜居”的现代化柴达木新城。

更令人值得骄傲的是，2014 年，因为巴音河固体清源、亲水河畅、人水和谐、山水共秀而被国家批准为水利风景区之一，从而为争创国家绿色环保城市、卫生健康城市、民族团结进步城市增添了不尽的自然光彩和人文情怀。

现在我想表白的是，人人都有难以泯灭的乡愁：那是一朵云里的琴声，一座风中的茅屋，一碗清澈的茶水，一杯浓烈的热酒。而我的乡愁就是戈壁奏响的长调，红柳摇曳的舞姿，山泉放飞的音符，百灵唱出的歌谣——巍巍宗务隆，我的父亲；悠悠巴音河，我的母亲；金色的德令哈啊！幸福的起源是哈拉腾雪山，富饶的源头是巴音郭勒……

德令哈：诗意浸润的浪漫之城

德令哈在哪里？她又是怎样的一副身姿与面容呢？

这个问题无须回答，因为第一次来到德令哈的著名诗人叶延滨，面对这片被银色河流浸润的金色土地，就曾经这样说过：走近德令哈，也就走进了“遥远”的诗意；来到德令哈，也就走进了“宽阔”的诗意；进入德令哈，也就走进了“神秘”的诗意。

是的，行走在祁连山麓宗务隆山下修葺一新的巴音河两岸，身后是顶戴冰雪银冠的柏树山，身边是穿着杨柳裙衫、载歌载舞的巴音河，前方是绿茵醉人、鲜花迷眼的城市景观地带和娱乐休闲的广场，以及远方一望无际的田园。而前方的前方则是一片即将抽枝的新柳和吐翠的青杨，以及嫩草即将茁壮的戈壁荒原……

这不是诗歌，也不是银幕或荧屏反复上演的截图画面，而是大自然造化的地貌景观和物理镜像。此时，一个经常漫步河岸，

被一条碧水荡涤心灵，也不时携挽秀水，走向荒原的孤独行者，面对三垛黄沙漫卷的残丘，六株风中狂舞的柽柳，九匹游荡荒野的瘦马蓦然驻足，而后凝神回望：

——我凝视着这片无限延伸的戈壁绿洲，这座气质高雅的城市扪心自问：是谁为这座地处于青海之西，距省会西宁五百多公里之遥，深居绵延两千里祁连山麓，眺望昆仑八百里瀚海边缘的德令哈，命名了“浪漫之城”这样一个令人遐想不尽，又让人渴望一睹尊荣的称谓呢?

遥远、宽阔、神秘是诗人叶延滨对德令哈的初步印象。但遥远不仅是路途，更在于悠久的历史。据考古发掘于沱沱河畔和小柴旦湖岸的旧石器时代文物证实：早在两三万年前，这里就已经有人类活动的足迹。

而位于怀头他拉镇西北约 40 公里的哈其切布切沟内的怀头他拉岩画，据考古专家初步断定，岩画的创作时间是魏晋南北朝后期和隋唐时代。岩画制作技法精致，绘制风格独特，表现内容广泛，包括动物、人物、狩猎、放牧、植物、舞蹈以及性爱等方面的内容。岩画不仅有很高的艺术价值，也有极高的学术意义，弥补了游牧民族居无定所而造成的文物、文献史料不足的缺憾。

……

往古一越便是千年万载。

德令哈在经历了古羌人游牧八荒、吐谷浑立国兴邦、吐蕃王朝拓土扩疆、成吉思汗扬鞭策马跨越祁连、固始汗统一青藏驻牧安家、新中国开发西部，驱走洪荒的历史沿革之后，它神秘的面纱才被真正揭开……

德令哈的历史如此厚重，柏树山的千年古柏可以证明，白水河的万载激流可以书文她那有着沧海桑田的记忆。

德令哈却又是如此年轻，巴音河的四座新桥可以作证，河

西岸的海子诗歌纪念馆也立碑书文，她的年轮才刚刚开始。

今天，德令哈已被巴音河的融融春水，洗濯掉蒙垢脸上长达一冬的沙尘，五月的新绿便是她惊艳世间的芳容。而要欣赏和赞叹她美貌的必要条件，就是一条路。

路是人类高举的文明火炬，锻铸在大地上的金色诗行。无论是远古漫长的驼道，还是近古遥远的驿站；不论是曾经颠簸的砂石路面，还是今天平坦的高速公路；更让我难以言表的是：曾经被高原雄鹰统辖的天空，也已被翱翔云海的银鹰划定了空中的启程与归程。

这就是诗人对“遥远”其实并不“遥远”的一种解释。那么，他所说的“宽阔”又蕴含着怎样的诗意呢？

此刻，西部炽烈的太阳已经滑向西极金黄的山野，那列已故诗人海子曾经乘坐过，并且在细雨中留给德令哈一首情诗的进藏列车，发出一声气冲霄汉的长笛之后，以风驰电掣的速度驶向更为宽阔，也更为神秘的旷野……

相传，固始汗率领和硕特部族历经千难万险，从伊犁河谷迁徙到巴音河畔时，正当夕阳染黄大地，旷野一片金光璀璨。这时，一位因长途跋涉而生命垂危的耄耋老人，在滚落马背的瞬息间，咳出了一口淤积胸腔百年的老痰。而后对他五体崇拜的领袖，放肆又敞亮地喊出了一声："固始汗！这就是阿拉腾德令哈，我们永久的家园！"

"阿拉腾德令哈"的蒙古语意就是"金色的广阔世界"。400年之后，先人的一声啼血呐喊，经过一代代人删繁就简，浓缩成了今天的德令哈。

这时，夕阳已经落尽，残霞尚在天空，我从巴音河的左岸转道右岸。从左岸的一河落霞，到右岸的一河灯盏，让我从左岸转行到右岸的途中,似乎明白了诗人叶延滨那句"进入德令哈，也就走进了'神秘'的诗意"——就好比是一片土地，即便是再遥远、贫瘠、落寞，也要孕育生长出自己的生命；也就预示着一粒种子，哪怕是再弱小、忧伤、绝望，也要寻找扎根的土地，绽放出自己的花朵。

德令哈就是这样一片坦荡于遥远的希望热土。

德令哈就是这样一朵盛开在宽阔天地的鲜花。

德令哈就是这样一首吟诵给神秘世界的诗歌。

德令哈：银河璀璨的星空之城

一座拥有一条秀水的城市，不论岁月多么无情，环境多么严酷，也无法销磨她靓丽的面容，扼杀她灵动的天性和飞扬的青春；一座氤氲着诗意的城市，无论时光怎么流失，季节怎么更替，也不能荡去她浪漫的气质，淡漠她豪迈的禀赋和想象的星空——德令哈便是这样一座被秀水滋养了躯体，强健了筋骨，濯净了肌肤，妆亮了容颜的星空之城。璀璨的星空之下，她的一颦一笑都显示出清纯的空灵，她的一举一动都彰显着飘逸的诗性。

然而，就历史来说，德令哈是古老的，可以追溯到遥不可及的远古时代，柏树山里瞬间凝固了生命的鱼虫花草化石是见证。怀头他拉被雪雨风霜打磨侵蚀了数千年，依然清晰可辨、形象生动的岩画是见证。相对城市而言，德令哈又是年轻的，她有着火一样的热情，她有着诗一样的浪漫，翻开她的履历，一行醒目的出生年月日便会嵌入眼底，铭记心中，锻铸脑海——她于 1988 年经国务院批准撤镇建市以来，市龄还不到三十。

难怪带着对诗歌精神的信念走入诗歌，走入永恒的青年诗人海子，会在 1988 年 7 月 25 日乘坐火车途经德令哈时，伴随着雨滴和眼泪写下了那首千万人传诵的《日记》，也为德令哈留下了悲戚而感伤的诗句——

“姐姐，今夜我在德令哈，夜色笼罩 / 姐姐，今夜我只有戈壁 / 草原尽头我两手空空 / 悲痛时握不住一颗泪滴 / 姐姐，今夜我在德令哈 / 这是雨水中一座荒凉的城……”

尽管德令哈才刚刚诞生，但那时的德令哈已不再荒凉，而且充满了勃勃生机。她以婴儿般一天一变样，一月一茁壮的生命活力，围绕着一条穿城而过的秀水精心筹划，大做文章，描绘着星空之城未来的模样。那种万众一心、挥汗如雨、共同打造一座希望新城的劳动场面，怎么可能被他一句“这是雨水中一座荒凉的城”就覆盖了呢?

现在想来，这与诗人海子当时的处境和心情有关。令人疑惑不解的是：作为北大才子，他应该知道早在他之前就有江河、北岛、顾城、舒婷等一批诗人以诗歌的名义，从精神层面上光顾了这片原始、苍凉却富有诗意的土地，一首首被诗评家称之为朦胧诗的作品，在《瀚海潮》这片浓荫庇护的田园中纷纷扎根，并开出绚丽的花朵。他当时也应该知道，在这座城市里，有一个汇聚了许多像他一样的未名诗人正在频频举杯，以期望用青稞美酒点燃灵感的火花、放飞想象的翅膀、燃烧满怀激情的文学沙龙。

然而，他却放弃了高贵的融入，把德令哈这座曾被姐姐描绘的诗歌圣地，化作流淌的泪水写进了他的《日记》。试想，这位诗神缪斯的殉道者，如果断然走出车厢，而后沿着姐姐曾经

描述的方向走进德令哈，也许就不会有“姐姐，这是一座雨水中荒凉的城”的绝唱了。

人世间没有“也许”或是“如果”，因为它不讲假设的过程，而只看最终的结果。结果是：海子眼含泪水，以他“姐姐，今夜我不关心人类 / 只关心你……”为绝响，告别了雨夜中的德令哈，卧轨在夕阳下的山海关。

那么，诗人海子在 29 年前那个雨滴飘飞、水雾弥漫，饱含热泪，流落笔端的“一座雨水中荒凉的城”，今天又是怎样的容颜呢？

此刻，我就坐在巴音河西岸的海子诗歌纪念馆一扇临河的窗前，凝视着宽阔的河面，等待着深水静流，波澜不惊的巴音河，将流光溢彩的夕阳运载到它该去的地方，然后再承载着满河的星辰缓缓流进我潮湿的双眼。

流金的河水随着夕阳渐渐散尽，一河清波变成墨蓝的细浪，暮色覆盖了东山顶上最后一缕淡黄色的晚霞，星空之城的第一束华灯落进了酥油一样黏稠、织锦一样柔滑的缓流。这时，我喝尽那杯已经变淡的碧螺春，告别了既古朴典雅，又现代时尚，每个角落都流动着浓浓的诗意、每束花草都被行吟星空的诗人百倍关注的海子诗歌纪念馆。然后，沿着被底光打亮的诗歌碑林走向河岸。

面对满河的灯盏，我居然激动得失语了，呆痴了。于是，我双手扶栏仰望晴空，一尘不染的天庭也挂满了银光闪烁的街灯。我曾经骤然封闭的思维，被钥匙一般的北斗七星打开门扉。我终于脱口一声感慨：德令哈，你就是银河璀璨的星空之城，河里流淌的是星辰，天上闪耀的是街灯。虽然我没有喝酒，但已经被她满河亮丽得无法形容、满天璀璨得难以比喻的夜景灌醉了。

星空之城，一杯400年陈酿的马奶酒，虽不浓烈，却后劲悠长。眼下，我正沿着巴音河的西岸向北漫步，在满河星光的簇拥下，被一阵跌水暴起的涛声诱惑着走上了德令哈第一座建造于20世纪70年代的大桥。

这里曾经有一座木头搭建的漫水桥（水中桥），是当年河东河西相互交往的唯一通道。在水流相对枯瘦的冬春季节，它是一座可供牛羊转场、骡马大车以及解放牌卡车需要小心驾驭才能缓慢通行的桥梁。而在水流相对丰盈的夏秋时节，湍急的河流，经常会在暴雨之后变成一道无法逾越的天堑。而今，这座以水为荣，也为水而忧的星空之城，已经在城中建造了四座跨越东西两岸的星光彩虹。

此时，我站在这座大桥的中央向北遥望，一座以马头琴为造型的大桥，仿佛是一道由星星组合的彩虹。彩虹之下，是一颗颗往返闪烁的汽车流星。琴声之上，是一个个悦耳悠扬的星光音符……我忽然想起了一首诗，于是在郭老《天上的街市》那优美的韵律中，身披满河的星辉，沿着巴音河东岸走向我下榻的德都大酒店，并把这首诗当作星斗洒向灯的海洋——

远远的街灯明了
好像闪着无数的星星
天上的明星现了
好像点着无数的街灯

我想那缥缈的空中
定然有美丽的街市
街市上陈列的一些物品
定然是世上没有的珍奇

你看，那浅浅的天河
定然不甚宽广
那隔着河的牛郎织女
定能够骑着牛儿来往

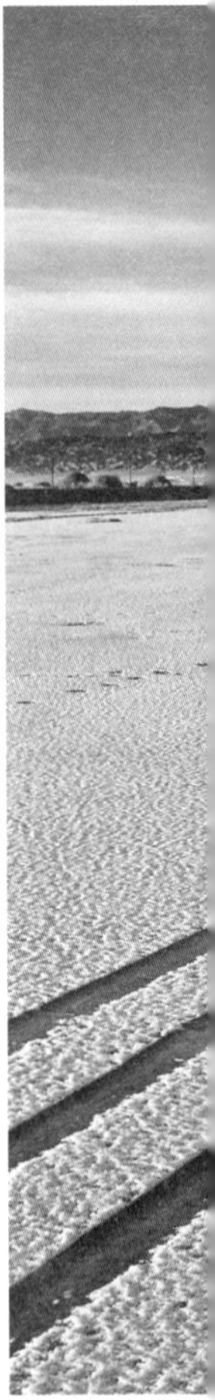

我想，他们此刻
定然在天街闲游
不信，请看那朵流星
是他们提着灯笼在走

德令哈：山水旖旎的绿洲之城

在我为你抒发了德令哈“浪漫之城”那种遥远、宽阔、神秘的诗情；也为你描绘了德令哈“星空之城”那幅璀璨、耀眼、缥缈的画意；我想，接下来将要给你讲述的应该是绿洲之城由何而来的故事了……

德令哈的春天尽管总是姗姗来迟，但一经跨过五月中旬的门槛，那满眼的鹅黄翠绿便会在一夜之间铺满整个大地。仿佛是春姑娘对自己的迟到抱有深深的歉意，进而要为这片大地加倍补偿似的尽情释放她的生机，渲染她的绿意。于是，她在短短的十几天时间之内，便把蒙尘蛰伏了一冬的生命，以婀娜摇曳的身姿，将鲜嫩欲滴的叶脉从山丘到河谷，从城市到郊区，从林带到草地，从田野到戈壁，蔓延成一片绿色的海洋。而后，她身着五月翠绿的裙衫，仰起五月含露的笑靥，托举五月缤纷的哈达，发出五月盛邀的请柬。

而当你应邀在这个明媚又短暂的季节前往德令哈时，无论

是东来，还是西往；也不论是南行，还是北去；都会在驱车行驶的途中，被满目荒寂的大漠戈壁，掠过眼帘的荒山秃岭，从心底催生出一股股绝望的悲凉。然而，就在你几乎要掉头返航，决然离去时，那种摄人心魄的奇迹出现了——一片浓烈得连风也拨不开，青翠得令人心醉的生命原色，顿时会让你打消放弃的念头，也会让你猝然停住逃离的脚步。

因为呈现在你眼前，令你精神为之一振的绿色之城，就是你此行的目的地——德令哈，一座诞生于海拔近 3000 米的高寒

旷原，却能在旱魃的瀚海彰显出旖旎山水的绿岛啊！

此刻正是傍晚时分，在绵柔和暖的夕阳下，我正与你携手漫步在德令哈那一条条柳丝搭建的绿色长廊上，那一个个白杨蔽日的休闲广场。面对高高耸立于夕阳之下、尚未闪烁万盏灯光的民族团结塔，试问：你对德令哈的感觉怎么样？

你说：我看到了一座山，走过了一条河，也去了南面的尕海湖，西面的托素湖、柯鲁克湖和北面的黑石山水库，对德令哈的初步印象可以概括为一句话，一分山色四分水，五分春色绿满城。但你能为我讲述一下它的前世今生吗？

那么，就从山开始吧！德令哈北面那座逶迤连绵，高峻超拔的群山全名叫作宗务隆，蒙古语的意思是北面的山，因为山中生长着千年的祁连圆柏，故而又被人们习惯地称之为柏树山。柏树山属于祁连山系的一条支脉，它仿佛是祁连山伸出的一只臂膀，深情地护佑着德令哈——这片曾经无比苍凉的牧野，而今却生机盎然的绿色家园。

远在千百年前的故事不必细说，因为翻开一部尘封已久的历史，于我而言是一件很难的事情。但就 20 世纪五六十年代柴达木开发初期来说，我则可以管中窥豹，列举二三，因为我就是在此出生，也在此长大的德令哈人。

可以毫不忌讳，也毫无夸张地说，那时的德令哈，

依然是风沙主宰的荒寂之地，尽管有稀疏的梭梭红柳，野生的枸杞沙棘灌丛，以及散落残存荒野、仿佛枝叶枯萎、行将就亡的骆驼刺和砍把柴，顽强地证明着生命的存在。这一簇簇一丛丛沙漠植物，总想以它们坚韧的毅力释放生命的能量，但它们刚刚渲染出的一抹抹淡青浅绿，顿时就会被狂风呼啸、飞沙肆虐的苍茫戈壁吞噬殆尽了。

随着 20 世纪 50 年代初德令哈农场的创建，60 年代初海西州党政军首脑机关从西部重镇大柴旦迁址到此，那一棵棵比黄金钻石还要稀有珍贵的青杨绿柳，才开始沿着巴音河两岸向茫茫荒原一寸寸艰难地延伸扩展。在今天的西海公园里，就有一条树龄起码在 60 岁以上的林荫大道，依旧在烈焰般的漠日下放射着 16 岁的激情。

在这条遮天蔽日的密林浓荫深处，热恋的情人，会在这里选择一棵携手环抱的大树情定终身。耄耋的伴侣会在这里认定当年那棵幽会时的小树，追忆曾经拥有的青春和爱情。

如果说河流是人类生命的摇篮，那么毫无疑问，森林就是人类生活的家园。说起来请别见笑，虽然林带在不停地延伸，林网也在不停地拓展，但我们生活的家园，在当时的情形下根本不能与城市相提并论，充其量也就是一个农民赶着骡马大车交售公粮、牧民驱赶牛羊交售畜产品的集散地。

即便是到了 20 世纪 70 年代，德令哈诞生了有史以来第一条贯穿小镇东西的柏油马路，架设了建政以来第一座横跨巴音河天堑的钢筋水泥大桥。但最热闹繁华的壮观景象，依然是骡马大车云集河西粮站、牛羊大军涌入河东冷库的场面。

你看，不知不觉中，我俩就不约而同地落座在德令哈西海公园一条水泥凝固的背椅上。可以说，今天的德令哈也像其他城市一样，在购物中心、休闲广场、游乐公园、街道两旁为居住者和过往者设置了一些材质不同，或铁质，或水泥，或木质，

或石板的条凳背椅作为短暂休憩的场所。

其实，这种人文关怀，早在20世纪70年代就已经在原始古朴、民风淳厚的德令哈小镇表现得淋漓尽致。给你说一个细节：在今天坐落于德令哈市中心的海西州博物馆，曾经的新华书店门前，就有一道专门为进城的农牧民便于商场购物、走亲访友而栽下的拴马桩，扯起的系驼绳。拴马桩是水泥电杆，系驼绳是八号钢筋。因为在它的斜对面就是商品相对齐全，但要凭购物证才能获得所需的人民商场。

我还清晰地记着童年时某一个上学的清晨，看到一位两手空空，步履蹒跚、摇摆不定的骑手，走近一匹已经在此静候了他两天之久的栗色骏马。他先是亲昵地拍拍浑圆的马臀，而后柔情地捋捋马鬃，仿佛是在安慰，又似乎是在倾诉，最后解开缰绳，翻身跃马，无须扬鞭，疾驰出城的经典画面……

这一阵由近渐远，由强变弱，鼓点般敲打出大地晨曦的马蹄声，一直延续到了1988年。这一年，德令哈作为海西蒙古族藏族自治州首府所在地，经国务院批准并颁布政令：德令哈不再是隶属于乌兰县管辖的县级镇，单列为海西蒙古族藏族自治州直辖的县级市。由此，德令哈这个地域面积阔达2.77万平方公里、市区面积堪比世界博彩之都澳门的城市，终于迎来了千载难逢的发展机遇。

然而，在当时它不外乎就是一座楼房超不过百栋，民居大都是白墙红瓦或青瓦白墙的院落，甚至是土坯黄泥垒成、屋顶没有一片青瓦的平房，以及一座座干打垒的庄廓，人口不足三万，街道狭窄闭塞，难有彻夜灯光的西部边城。

德令哈真正步入大发展的快车道，并迅速崛起在柏树山麓，全都仰仗和得益于国家实施的西部大开发战略，尤其是进入21世纪以来的短短十几年间，德令哈才真正成了一座陆路四通八达，银鹰蓝天翱翔；高楼鳞次栉比，绿荫铺展城乡；街道平坦宽敞，蜂蝶陶醉花香；十多万蒙古、藏、汉、回等十多个民族和睦相处，多元文化相互融合，共享改革成果的现代化绿色之城……

如今，德令哈这座以循环经济而风生水起，美名远播的城市，仿佛一艘以“中国碱都”而命名的时代巨轮，正在沿着“一带一路”宽阔而宏伟的航线，从这片绿色的海洋驶向另一片绿色的海洋。

这就是德令哈，它的前世在柏树山父亲般严厉的凝视下走过了千年万载，也在巴音河母亲样慈祥的怀抱里走过了万载千年。但原始的洪荒却是他们无法改变的模样。

这就是德令哈，它的今生依然在柏树山如父亲般冷峻的目光中行走，也依然在巴音河如母亲般温暖的胸脯上徜徉。但那波涌浪翻的绿色海洋，却让他们荡起了满脸的荣光。

辞曰：

……东望青海湖渺渺碧浪，西眺当金山蔼蔼祥光；南映昆仑山皓皓瑞雪，北依祁连山苍苍林莽。群山环抱，绿荫如障，湖泊点缀，清波吟唱，芳草如茵，鸟语花芳。身临其境，当叹巴音河流光溢彩出深山，褡裢湖水天一色映朝阳。美哉！德令哈，莫问谁持彩练当空舞？且看英雄走斜阳。春风拂煦今又在，不是匡庐仙境，胜似陶潜梦乡……

柏树山：大自然恩赐的人间仙境

若说柏树山，必先讲祁连。

祁连山，在古匈奴语中意为天山。这座东起贺兰山，西止当金山，北依河西走廊，南临柴达木盆地，横亘于甘青两省之间，逶迤绵延千余公里的巨大山系，堪称能与莽莽昆仑比肩同行的伟大山脉。在它苍茫雄浑，峰峦叠嶂，南北宽达两三百公里的山体中，雪峰如磅礴的巨浪，冰川像迤逦的银河，清澈的河流宛若辫状的蓝色血管，润泽着绿草如茵的草原，滋养着挺拔的云杉、苍劲的古柏、翠绿的青杨、婷娜的白桦和葳蕤的灌丛。置身其中，不仅能够真正领略到山地高原的原始风貌，更能切身体味到纯净天成的自然美景。

不仅如此，祁连山还因为蕴藏丰富的矿产资源而享誉神州，自古就有“万宝之库”的美称，更因为它有着深厚的民族文化底蕴，而被史学界赞誉为“古丝绸之路南北两道的保护神”。它的北麓是绵延千里的河西走廊，一条千年流淌的丝绸之河、

美玉之路、瓷器之道。它的南坡是浩瀚无际的柴达木，一条东西方文化交融、贸易互惠、民族融合的千古文脉。由此可见，它在中华民族心目中不可动摇的显赫地位。

时光如梭，岁月悠悠，山河永恒，东方文明仰仗山的精神，河的坚韧而延续至今。虽然古老，却依然活力四射，就像万古冰川孕育了奔腾的江河一样泽惠大地，光耀人间。

柏树山便是这样一座诞生于喜马拉雅造山运动，在祁连山

海拔 5800 多米的主峰——团结峰的注视下，由北向南延伸百余公里，而后自东向西绵延而去的一条重要支脉。由此可以想象，这座山势高拔伟岸，险峻奇美，又毓秀钟灵的大山，已经在这里行走或屹立了 4000 多万年。与我们人类的诞生相比，也就是“人猿相揖别。只几个石头磨过，小儿时节”。

因此，我总会从心底发出一声由衷的慨叹：人的生命如此短暂，而山河的生命却这般永恒。于是，每当我走进这座奇峰耸峙云天，古柏峭立绝壁，碧草芳菲山谷，巉岩刀削斧劈，清流蜿蜒山间，鲜花点缀河岸，灌丛掩映牛羊，牧歌飘荡云端，百灵唱醒黎明，苍鹰翼送夕阳的山野，我裹满世俗尘垢的躯体，便会得到一次痛快淋漓的洗涤。我被沙尘和阴霾覆盖已久的心灵，就会在阵阵清风里变得纯洁明净。

因为柏树山不仅是我们这个世居民族一道生命的屏障，更是一座供我们子子孙孙顶礼膜拜的灵魂圣殿。

德令哈因为柏树山而充满了娇媚柔情，柏树山因为德令哈而凸显粗犷剽悍。这就是大自然的神奇所在——山下是历经几代柴达木人用心血培植，汗水浇灌的绿洲之城；山上是经历千万年冰雪锻造、鬼斧神工的人间仙境。

那么，柏树山究竟如何呢？俗话说：说景不如听景，听景不如看景，看景就要身临其境。眼下，正值春夏时节，我无须多言，你也不用侧耳倾听，因为我们正沿着一条油光黑亮，宽阔平坦的旅游观光公路，由海拔近3000米的德令哈，途经世界上最大的固始汗雕像群落，向高峰海拔5000米、山地平均海拔3500米的柏树山攀升，直至闯过一道道森严的山门，深入到一片古柏蓊郁，毡房如莲，芳草离离，酒歌悠扬的高山牧场。

来这里的宾客，既有初来乍到的江南淑女，又有故地重游的西部汉子。他们为海子而来，为诗歌而来，也为柴达木这片神奇的土地而来。他们面对柏树山所发出的异声同感的慨叹，激发了我对这片土地融入血液骨髓的情感，它不仅仅是我的故土，更是给予我心灵慰藉的精神河床。一位来自江南的淑女诗人，豪爽地接过银碗一饮而尽，而后潇洒地撩开遮眼的刘海，眼含热泪地说出了一句让我自愧弗如的诗句：柏树山/一个在天地间/跋涉了千万年之久的白发老人/为何还有这般少年的容颜？

这时，故地重游的西部汉子连饮三杯，居然敞开沙哑的喉咙，嚎出了沙暴样粗粝的解答：山中方一日/人间已百年/此山亦如此/何须再感叹/东坡有诗曰/把酒问青天……

是的，山再高，高不过青天；海再大，大不过云海。波涌浪翻的云天之下，才是泥丸般滚动的地球——我们赖以生存的家园。而柏树山，只是偏居于中华版图的西部之西，祁连山脉一个不可或缺的线段。

即便如此，它依然是我心目中伟大的神山！

蓝天下不老的先哲圣贤。你看它身穿夕阳缝制的盛装，腰系白云编织的银带，头戴飘动着流苏的金冠，一手抚慰着苍翠遒劲的片片古柏，一手挥洒着白水訇然的滴滴甘霖，正在向我

们诉说着神圣的箴言：春天，我是瀚海素洁的绿岛；盛夏，我是避暑的清凉世界；金秋，我是羊群胜雪的牧者；隆冬，我是晶莹剔透的琼瑶。我的名字叫家园……

哈拉淖尔：神秘遥远的诱惑

哈拉淖尔，蒙古语意为黑色的湖，在探访她之前，我只知道她是仅次于青海湖的高原第二大湖泊，也是一个深藏在祁连山腹地，鲜为人知的高原咸水湖。那么，这个既神秘遥远，又富有诗意的高原湖泊究竟在哪里呢?

说起此事，不免令我羞愧汗颜。如果不是为了拍摄一部反映德令哈的纪录片而奉命陪同前往，我这个土生土长的德令哈人，还真的难以想象会在何年何月何日才能看到她传说中的模样。而此时，我期待已久的机缘从天而降。

探访和目睹她尊容的行程，是从2013年8月初清晨6点时分钻进越野车的那一刻开始的。一夜的宿雨在这时落尽了最后一层雨滴，清新的晨风中略带一丝丝切肤的寒意，也弥漫着一股股草木的芳馨。

进入柏树山口时，那似雨非雨的湿漉漉的晨雾，像浓得化不开的鲜乳覆盖着整个山谷。穿行于雾海之中，汽车如一叶随

波漂荡、逐浪颠簸在汪洋上的扁舟。一种从未有过的恐惧攥紧了我响动如鼓的心脏。

憋足了劲的越野车一路狂吼，沿着崎岖坎坷，泥泞难行的山路螺旋攀升，直到爬上海拔 4500 米的柏树山垭豁，眼看着乳白色云雾从山巅跌落山谷，山巅东侧微露出湛蓝的天光时，我悬挂在嗓门口的心脏才落到了胸腔。站在柏树山垭豁口，回头看一看云雾依旧缭绕的柏树山时，它已经不再朦胧，清晰灿然，犹如脱去俗衣显露出清骨的仙子，婉然站在我的面前。

柏树山，蒙古语“阿尔茨托”的译称，意思是长满柏树的地方。山间峭石突兀，危崖耸立，绝壁横生，深涧如渊，连绵起伏的峰峦，犹如一道巍峨的屏障，横亘在德令哈北边，阻挡了来自西伯利亚凛冽的寒流，也截留了少有的一两股远道而来的暖湿洋流，为德令哈营造了一个冬无严寒，夏无酷暑的小气候。这是我熟悉的山，也是我陌生的山，因为我只是看到了它的风景，却不知道它深厚的底蕴和丰富的内涵。

记得有一年夏天，我邀约几个朋友前来踏青休闲，在选择垒灶支锅野炊做饭游玩的地点时，我被一条自山间汹涌而出并发出訇然涛声的河流，以及它切割出的一条深达几十米，垂挂着白水瀑布的河谷地带深深吸引，并润湿了我因寻找而干涩的眼球。这让我想起了诗仙李白的那首“日照香炉生紫烟，遥看瀑布挂前川。飞流直下三千尺，疑是银河落九天”的千古名诗。

眼前这道陡立的落差没有千尺，起码也有十丈的银色瀑布，难道不是柏树山写给我们的“飞珠溅玉似卷帘”的千古绝唱吗？后来我才知道，这条清澈见底，在漫长的峡谷中形成了多道轰然作响、浪花飞溅、水雾弥漫的瀑布，也造就了一汪汪水潭碧蓝清幽的河流，之所以叫白水河，是因为柏树山蕴藏着丰富的石灰石矿床，河水裹挟着大量的石灰石颗粒和粉末。因此，这条环绕山间的河流，不仅水是白的，而且连铺满卵石的河床都是白的。

白色是纯洁的颜色，也是永恒的颜色。比如万古冰川，比如千年雪山，比如蔡伦那张铺展世界的白纸……

当我面对一棵棵从悬崖间的岩缝里探出腰身，虬根盘绕，岿然峭立的千古苍柏，仰望它们如伞如盖的枝杈叶脉，抚摸它们龙鳞般粗粝坚硬的躯干，一种敬畏之感顿时从心底直通双眼。这是一种怎样的气质，又是怎样的一种情怀啊！赤子的坚贞，勇士的风范，当其莫属。

稍作休整之后，我们踏上了前往哈拉淖尔的行程。柏树山垭豁——这是通往哈拉淖尔的第一道山门，八点钟的太阳挥洒

着金色的晨露，湿漉漉地将这道险关要隘呈现在我的面前——赫然陡直的绝壁，仿佛刀劈斧凿的一线天险；阴阳分明的通道，好像生死存亡的一道界线。

当我们小心翼翼地通过这道一面金光耀眼，一面阴暗如夜，宽约 60 米，长达 100 米，大有一夫当关，万夫莫开的山门之后，便开始了遇水冲波逆折、逢山龙腾蛇行、穿越长谷深峡的漫漫征程。随着海拔一寸寸地增高，那高拔陡峭的山势令我头晕目眩，那原始洪荒的旷野让我目难所及，那曲折险恶的路况更是叫我心惊胆战。然而，雨后的天空蓝得令人心醉，雨后的山野美得让人神迷。而这种使人心醉神迷的盛景，就铺展在通往哈拉淖尔的路途上……

从早晨启程到晌午时分落脚，我们一行人途经云雾缭绕的柏树山、白雪覆盖的图布新垭豁、汹涌澎湃的巴音郭勒、绿草鲜花铺垫的伊克拉、巨石横卧的蛮荒旷野、山顶如砥的四方山垭豁、大黄葳蕤的湿地沼泽之后，150 多公里的艰难跋涉终于在哈拉淖尔面前停住了脚步。哈拉淖尔，呈现在我们面前的又是怎样的一幅壮景呢……

哈拉淖尔：静谧深邃的望眼

鸟儿总要长大
每一根羽毛里
都暗藏着看不见的皱纹
每一道皱纹深处
都暗藏着无比辽阔的天空

——主人

哈拉淖尔，就是这样一片深藏在祁连山羽翼里的天空。天空之下是很少有人驻足的荒野，是粗犷野性又不乏温柔多情的泱泱大湖。上午的阳光是炙热的，而掠过湖面的清风却带有一阵阵潮湿的寒意。海拔 5800 多米、终年积雪的祁连山脉的最高峰——团结峰就挺立在我的面前。它一手挽起疏勒河上游谷地，一手携着哈拉淖尔盆地，傲立在这雪海冰原之上。与团结峰相毗邻的是依次排开的高低相差无几的七座雪峰，雪峰峻极于天，

云雾缭绕，几乎让人分不清哪是云，哪是雪。于是，当地牧民又称团结峰为“云里雪山”。

此刻，云里雪山竟然云消雾散，峥嵘凸现，山脊之间的巨大冰舌，吐出圣洁的白光。朗日之下，群峰聚攒，冰雕玉琢，银光四射，蔚为壮观。团结峰仿佛是一个骨骼峻嶒，体魄强健，身穿光彩耀眼的龙鳞铠甲，从远古走来的威猛武士，守护着天女般圣洁的哈拉淖尔。

哈拉淖尔，蒙古语的意思是黑海，湖面高程 4077 米，平均水深 30 多米，湖泊面积 593 平方公里，是青藏高原仅次于青海湖的第二大咸水湖。此时的天空湛蓝如洗，静谧的哈拉淖尔更像是一面宝蓝的天镜，在阳光的抚慰下静静地躺在团结峰颀长

而刚劲的臂弯里，以她博大的胸怀，恬静的笑靥喜迎我们这些素未谋面的游者。

但凡神山圣湖，总有说不完的神话，讲不尽的传奇。哈拉淖尔和团结峰更是如此。相传，很久很久以前的七月七这一天，王母娘娘不知何故，心情有些莫名其妙的郁闷，于是她郁郁寡欢地漫步于天庭。突然，她看见天界下有成千上万只喜鹊聚集在银河两岸，用它们娇小羸弱的血肉之躯搭起了一座黑白相间，气势壮观的鹊桥。这时，她看见牛郎肩挑两只坐有一双儿女的箩筐，正与从银河彼岸走过来的织女相会。夫妻俩一年只有一次难得的七夕重逢，千言万语只能在鹊桥上诉说。相见时难别亦难的牛郎织女，悲喜交加地紧紧拥抱在一起，而他们的一双儿女也抱着他俩号啕大哭。他们的泪水化作绵绵细雨洒落人间，盈润了人间无数颗邂逅的心田。王母娘娘看到这幕令人肝肠寸断的场景之后，也情不自禁地流下了一滴深感同情的眼泪。她后悔当初不该绝情武断地用一根银簪划出一条银河，将这对相濡以沫，情深似海的夫妻断然分离，酿成了这场天上与人间的爱情悲剧。

于是，她愤然地拔出了那根造孽的银簪，狠狠地摔下天庭。让她意想不到的是，那根从天空坠落大地的银簪，居然断成了八截，并且先后化作了以团结峰为坐标的八座雪山。而她那滴被牛郎织女的爱情所感化、从心底涌出的愧疚和怜悯的眼泪，也就汪洋成了浩瀚的哈拉淖尔……

站在哈拉淖尔岸边，极目远眺四野八荒，或是近眼观望碧空青野，远方是耸入云霄、起伏连绵的八座雪山。近处是芳草如茵、苔藓似画的辽阔牧野。而眼前波澜不惊，平静如镜的哈拉淖尔，则为我呈现出另一番层次分明的美景：远方的湖面仿佛吸储了天光的精髓，天有多蓝，水就有多蓝，蓝得深邃莫测。中间的湖水呈现出青色的光景，堪比岸畔的青草绿野，青得波光透彻。近处的细浪因为阳光的照射，而显现出流金般迷人的色泽，层层波浪荡涤我的腿脚，阵阵湖风拍打我的脸颊，让人心旷神怡。

哈拉淖尔，千万年不曾褪色的调色板——白云在你的板面上轻盈地浮动，雄鹰在你的画框中自由地翱翔，鸥鸟在你的晴空里鸣唱，野鸭在你的柔波下徜徉。

哈拉淖尔，千万年不曾闭合的望眼——毛茸茸的藏雪莲是你眨动不已的睫毛，大片的红景天迄今还在撩拨着你的眼帘，成群结队的牛羊正漫步在你的胸前……

随我一同踏探哈拉淖尔的梅朵女士，在她的一篇美文中曾经发出过这样的慨叹：与山野清风的交谈，总是更率性自然吧！与江河湖海的邂逅约见，总是更真诚坦白吧！与高山大川的亲密拥抱，总是更深情难舍吧！但总有一种适合的方式，让你汲取自然无比丰厚的滋养，从而敞开胸怀鼓荡心帆，驶向更为宽广辽阔的生命境地。

哈拉淖尔就是这样一片圣洁的境地。于是，我怀着敬畏之心，将随身携带的一条蓝色哈达，轻轻地挽系在湖畔一尊刻有天湖望眼的巨石上。并且默默地虔诚祈祷：愿这美丽宁静、不施粉黛的哈拉淖尔，永远不受尘世凡界的搅扰。愿这野性旷达、自然天成的哈拉淖尔，永远葆有个性鲜明的容颜。愿这清纯明澈、深邃幽静的哈拉淖尔，永远不会因为沙尘和阴霾而闭合那只如炬的望眼……

伊克拉：野生动植物的天堂

伊克拉，主要指整个宗务隆山脉北麓，至哈拉淖尔东、西、南三边广袤的高海拔山地牧野。蒙古人称之为“伊克阿尔”，意思是“大后方”，而汉族兄弟则习惯性地简而化之，称其为“伊克拉”。

据朋友讲，这是一片名副其实的大荒原，不仅时时彰显着原始的风貌，更是处处充满了洪荒的野性。尽管德令哈的春夏季节总是迟到，但提前赶来的八月，依然是当地人眼中草长莺飞的盛夏季节。然而，若要在这时深入伊克拉的腹地，不仅需要两辆结伴同行、关键时刻能够相互救助的四驱越野车，而且，对于自身而言，带一套防水性能极强的冲锋衣，或者羽绒服也是最起码的低级配置。

东方霞光初露，八月的丽日即将升起，这时候出发堪称佳境。于是，两辆四驱越野车像两匹在草原晨光里撒欢儿的马，沿着通往柏树山的康庄大道一路北进。进入山谷之后，恰逢朝阳初升，

峡谷间晨雾含金、白云流银、色彩缤纷，恍若梦境。山坡上树梢舞动、百灵争鸣、清溪哗然，恰似在举行一场属于大自然的音乐会。但那条仿佛伸向云天的通途，却在白水河陡峭的岸边戛然而断，一条紧贴着悬崖绝壁开辟的便道，让两辆曾经风驰电掣的越野车，不得不收敛奔放的激情而变得缩手缩脚，颤颤巍巍，几乎是踱步挪移……

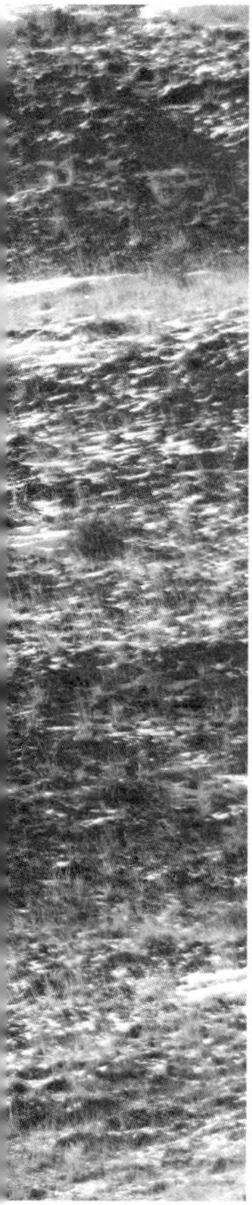

进入柏树山才算是步入了伊克拉的起点。记得当年，我们在一片古柏森然的路口调转车头，而后由西向东走进了一条狭长又险恶的山谷。正是这段曲折坎坷，剧烈颠簸，缓慢前行的行程，让我在惊悸之中观赏到了一幅幅纵向移动、横向层叠的风景，也使我体味和感悟到了天地之大美只可以屏息静气地领略，无须笑谈言说的真谛。

然而，当我面对那棵遒劲的古柏，与那一只峭立山崖的盘羊对视；当我看到那只翱翔的鹰雕，与那几只飞奔的黄羊较劲斗智时，我却不由得慨叹：伊克拉，你自然天成的雄阔，你巧夺天工的壮景，你物竞天择的繁衍，你适者生存的竞争，究竟开始于何年何月何日？又将会延续到哪年哪月哪日呢……

若想深层次探究，那你就前去拜访任何一位地质学家吧！他们也许会这样谨慎地对你说，祁连山脉、宗务隆山野、柏树山谷地乃至整个伊克拉旷原，它们的地质成因可以追溯到大约3500~4500万年间，那场因为欧亚板块与印度板块的剧烈碰撞和挤压，而发生的山呼海啸、波澜壮阔的喜马拉雅造山运动，以至于让初生的冰川趁势而入，如影相随，在海走林逝、山升陆沉的青藏大舞台上，频繁地上演雪山崩塌、冰川横流的鸿篇巨制……

这时，一道比秦代长城还要古老千百年的金色石壁横峙于眼前，陡立的石壁上赫然雕刻着“江山如此多娇”六个惊心怵目的金红色毛体大字。当我们侧身转过这道“引无数英雄尽折腰”的不是秦砖垒砌，却更比秦砖长久的石壁之后，终于抵达了柏树山通往伊克拉荒野的山口。

我放眼环望四野，嶙峋巉岩依旧峭立，蔼蔼柏木隐身消然；山间溪流仍在轻吟，朗朗丽日正当普照山间。

与我同行的朋友说，走进伊克拉需要闯过四道天定地设的山门，柏树山垭豁是第一道山门。这是一道自古就堪称“一夫当关，万夫莫开”的天下雄关。通过这道山深路窄的险关之后，必定会有无数的美景闯进你的眼帘，拨动你的心弦，激发你的灵感……

穿过这道宽约60米，长约100米，绝壁直立，只见天光的一线天险之后，便是一条奇峰连绵，峭石林立的大峡谷。这显然是河流千万年的切割所致，因为巴勒更河正沿着峡谷自西向东冲波逆折，涛声喧豗地滚滚奔涌。据说，在伊克拉荒原上，像这样大小的河流就有16条，但大多是流程不长，时而浊水暴涨、洪流奔涌。时而清溪断流、卵石袒露的季节性时令河。然而，正是由于这一条条山间溪流的涓涓充盈，才使得奥古土尔乌兰郭勒河成为德令哈的母亲河。

朋友说的没错，伊克拉神秘的洞窟在汽车冲过激流，沿着北岸崎岖的山路，缓慢颠簸了5公里左右的路程，果然惊现于北岸的危崖上。这是一个形似陕北窑洞的大石窟，洞门却紧紧地关闭着，仿佛洞窟的主人已经在外仙游了千百年之久，洞门也被千百年的风霜雨雪焊接得只显轮廓，除非主人归来，谁也无法打开这扇岁月尘封的门扉。

我问随行的朋友，这里可曾是西王母的领地？朋友说，是啊！西王母当时的领地南自昆仑山，北到祁连山。西自阿尔金，东至青海湖，这是多么辽阔的大地啊！

我说，这个仅凭目测就能估算出高约 20 米，宽约 10 米，与悬崖浑然一体，非常隐蔽的山洞，难道不是西王母藏金纳宝的秘境之处吗？神话传说里的哈拉湖，不也是她的一滴眼泪吗？这个山洞肯定有讲不完的故事。

这时，朋友又有了新的发现，他指着山洞说：你们看！洞窟的石门上似乎还有四道金属铆钉加固的痕迹，就像阿拉伯神话中描绘的那样：主人虽已远去，但却留下了解谜的咒语。阿里巴巴面对山门，声嘶力竭地尝试了无数次贪婪无果的呼号以后，才以虔诚的心态，喃喃的细语，微弱地道出了那句本是他深感绝望的咒词：芝麻，开门吧！

我接着话茬说道，于是，那扇铜墙铁壁样的山门在他绝望的祷告中敞开了，金银闪烁、珠光璀璨的宝库令他瞠目结舌。我们面对峭壁上的洞窟，是不是也可以像阿里巴巴那样试一试，念一声“芝麻，开门吧！”

朋友却不屑一顾地爆出一阵大笑后说道，这个发财的机会还是留给你吧！从此以后，你无须走南闯北，抽烟熬夜，借酒提神，写词编片而摆脱贫穷，像阿里巴巴一样过上衣食无忧、富丽堂皇的生活了。

就在我们相互调侃着离开这个无法攀缘，也不能亲自踏探，更不能打开石门探其究竟的地方时，一只苍鹰舒展着它巨大的羽翼，飞临我们头顶那片蓝得清澈，几乎要让人心空落泪的天境。我对朋友说，你看，西王母宝库的守护神来了。

朋友说，它来了，就该我们走了。因为伊克拉太大啦！美不胜收的壮景也太多啦！比如巨石滩，四方山……

沐浴着伊克拉灿烂的阳光，裹挟着巴勒更河的清凉，我们开始翻越图布新垭豁。这是进入哈拉淖尔，也就是伊克拉牧野的第三道山门。它是一条又窄又陡，呈之字形盘旋上升的简易便道，虽然海拔仅仅上升了两百多米，但我们却艰难地爬行了足足半个小时。

风景总在路上，没有付出就不可能欣赏到的美景和切身感悟的意境。这时，第三道山门以人神共舞、庄严肃穆的形态横亘于我的面前：这是一座碎石堆垒的敖包，它正在经幡猎猎的絮语中，虔诚地与佛祖进行凡尘与天界的对话。于是，我们纷纷手捧哈达叩首祭拜。

有一句蒙古谚语这样说，天上的每一颗星辰都是人间放飞的灵魂，地上的每一处山水都是天公恩赐的福地。于是，见山膜拜、遇湖朝觐、逢河祈愿，便成了游牧民族延续迄今的生活习俗和文化基因。

翻越图布新垭豁，涉过阿让郭勒（巴音河的上游称之为乌兰哈达郭勒，中游为阿让郭勒，下游是巴音郭勒）之后，一群飞奔的黄羊抛起的金色沙尘，将我的视线锁定在伊克拉方圆 40 多平方公里的巨石阵中。

那一块块陨石般坚硬、一座座青铜般泛光、一群群铸铁般粗粝，凝固于洪荒之野、横陈于我惊悸之眼的巨石——高大如三层钢筋水泥浇筑的楼房，矮小也堪比野牦牛难以风蚀的头颅。更为奇妙的是，这些巨石上居然都长满了或红或黄的几何形苔藓。更令人疑惑的是，在这片巨石中竟然隐藏着一群处事不惊、泰然自若、信步徜徉的黄羊部落。

巨石阵从何而来？除非冰川运动的洪荒之力，任何人为的因素都可以排除在外。朋友说，4000 米雪线之上是雪豹、牦牛、雪鸡、盘羊游弋的家园。4000 米雪线之下是雪莲、枸杞、沙棘、

锁阳、大黄葳蕤竞生的乐土；野驴、马鹿、麝香、黄羊驰骋的天堂。如果幸运的话，还能见到三两只漫步荒原的棕熊，偶遇到四五只追逐羚羊的恶狼。

四方山垭豁，是走进伊克拉草原的灵魂所在，哈拉淖尔的最后一道山门。这是我除却在BBC纪录片中看到的澳大利亚红色四方山经典画面之后，唯一能让我惊鸿一瞥便会铭记在心的自然景观。这座形状呈四方形，山体顶部平坦如砥的褐红色石山，在阳光下闪烁着耀眼的光芒。同时，它也勾起了我的遐想：大自然就是这样神奇，澳大利亚红色沙漠的赤色山体，居然也会在伊克拉荒原出现。游走在四方山垭豁内外的也不是以双脚弹跳和奔跑著称的袋鼠，而是像袋鼠一样通体金黄，四蹄腾跃、奔跑如飞的羚羊。

走出四方山垭豁之后，正值太阳高悬蓝天的中午时分，一条弥漫着草香的平缓山谷，悠然地伸向目能所及的开阔地带，只是谷底布满了水洼，道路有些泥泞，不时有水花在车轮两侧溅落。这时，又有一道奇异的景观再一次拉直了我的视线：山谷中长满了一望无际的大黄，硕大的红色叶片饱蘸阳光，在习习微风下落霞般铺满了山谷。一朵朵，一簇簇白色、红色、紫色、蓝色、黄色的山花零零星星点缀其间，唯有几朵皑如祁连雪，皎若云间月的雪莲花，卓尔不群地傲然摇曳在河水难以浸淫的石丛间。

据朋友介绍，哈拉湖流域面积近4800平方公里，四周多雪山冰川，冰川面积89平方公里，冰川储量约50亿立方米，年冰川融水0.65亿立方米，年降水量200余毫米，分布着大大小小数十个常年蓄水的湖泡。他说眼下，我们正在经过的山谷，就是一片湖泡大面积囤积而形成的沼泽湿地。

走过山花烂漫、大黄葳蕤、红景天和雪莲花交相辉映，细流如银，水洼似镜的沼泽山谷，伊克拉终于在哈拉淖尔的催促下，向我展示出他所有的珍宝：成群的牦牛点缀在他的胸前。成片的羊群游走在他的臂弯。鸥鸟掠过他头顶的蓝天飞向湖面。褐色的地木耳（德令哈人叫它地皮菜）铺满他的苔原。大片的红景天簇拥在一起，紫红色的叶片无视他大荒之野的广袤，却偏要执意地挤挤挨挨，相互纠缠，窃窃私语。孤傲的祁连雪莲在他的眼前舒展着含露的绿叶，几朵毛茸茸的雪球替他诠释着秋天的绚烂和丰饶。

朋友说，伊克拉虽然荒寂苍凉，但野生动植物资源却相当丰富，是我国目前一个保留最完整、最原始，集自然性、典型性、稀有性、多样性于一体的湿地生态系统。

是的，伊克拉，迟来的春夏尚未尽显它们的风采，八月就急不可耐地开始了秋季的渲染。即便如此，我依然被伊克拉原始蛮荒而又生机勃勃、神秘莫测而又目睹耳闻的圣洁气息所震撼，为这片深藏于祁连山腹地，被哈拉淖尔润泽和滋养的纯情牧野始于惊叹，继而沉醉。

哈拉淖尔——我们的大眼睛。但愿你碧波连天接地、雁群落脚繁衍、裸鲤逐浪畅游、鸥鸟翔集云空的现状不再是一段记忆……

伊克阿尔——我们的大后方。但愿你冰峰破刺蓝天、羚羊驰骋荒原、白云涌荡牧场、牦牛漫步山冈的景象不再是过眼烟云……

马兰花开遍六月的草原

德令哈虽说没有那些千年古城所拥有的名胜古迹，也不能与现代化大都市那些人造的游览景观相提并论。但它却有着纯净天然的自然风光，风景如画的田园牧歌，无与伦比的民族风情，浓郁深厚的人文情怀。

六月是马兰花盛开的季节，也是酿造马奶酒的最佳时节。这时的马兰滩，就是一个仰起了迷人的笑靥，张开了热情的双臂，像马兰花一样美丽善良的牧羊姑娘。她总是谦卑地擎起盛满马奶酒的银碗，将馥郁绵厚的自酿奶酒敬献给远方的贵客嘉宾。于是，坐落在马兰花丛中的蒙古包里，便会悠扬地回荡起一支支蘸着醉人的酒香、裹着诱人的肉香、含着迷人的花香，堪称德都蒙古神曲的长调。

这就是马兰滩，一片隐身在德令哈戈壁深处，不是“世外桃源”却胜似“世外桃源”的美丽草原。但凡到过这里的人，无一不被她的美景所陶醉。但凡住过这里的人，无一不为她的

盛情所感动。难怪著名女摄影家徐金芳博士，在马兰滩采风时会这样情不自禁地抒怀吟诵：

美丽的马兰花啊！
会沿着河边生长
我心上的人儿啊！
会随着我的心相见

美丽的马兰花啊！
会盛开在草原上

我心中的他啊！
会伴着我的心相会

美丽的马兰花啊！
会跟着牧场开放
我英俊的他啊！
和我相会在马兰滩……

马兰滩，一片看一眼便会铭刻心底，永远心驰神往的草原；马兰滩，一片走一遭就会根植脑海，今生无法遗忘的草原。而我就幸运地出生在这片草原上，所以我对这片开满马兰花、酿造马奶酒的戈壁草原，总有一种难以释怀的情感，我童年的记忆，我青春的梦想，都与马兰滩有着密不可分、终身不解的渊源。可以说，马兰滩的一山一水，一草一木，早已融入了我的血液，在我的体内昼夜循环流动，成为我生命中无法分割的一部分——她的欢乐就是我的欢乐。她的悲伤就是我的悲伤。她的幸福就是我的幸福。她的痛苦就是我的痛苦。

现在，正是约你一起看草原的最好时机。那么，就让我们一起披着六月的霞光，乘着六月的晨风，向着并不遥远的马兰滩出发，走进这片曾经鲜为人知的绝尘草原，领略一下她那草浪波荡，花海连天的旷世美景吧！

前往马兰滩，无须苛求车型，除了豪华大巴、重型巨卡之外，越野、皮卡、轿车、中巴均可畅通无阻。出德令哈市区往西行驶约半小时到达柯鲁克镇，穿城曾经的德农场部，从今天的阳光驾校左转上路，行程大约一个小时，便能到达深居戈壁的马兰滩草原。如果你认为这不是梦境，那么，第一个掠过你眼帘的必定是那些黎明即醒，喙琢晨露，舌噙花香的百灵鸟；第二个拨开你睫毛的必然是那群夜半星辰，嘶鸣晨曦，撒欢嬉逐的马驹；第三个掀起你心潮的绝对是那个哈达如云，真诚祝福，敬献马奶酒的场面……

说句实话，每当我看到故乡草原那美丽如画的风景，面对乡亲们托举在我面前的那一碗碗奶酒，我便会情不自禁地一醉方休——因为它是母马的乳汁酿造，汲取了天地精华，凝结了辛勤汗水，饱含了厚意深情的玉液琼浆啊！所以我不能不畅怀痛饮，也不得不以醉释怀。

此刻，我仰卧在马兰花的花丛中，十点钟的太阳明媚温柔，十点钟的天空云淡风轻。但我被马奶酒激化的血流却不容我的思绪有丝毫的滞留，那激越的心跳仿佛是震撼大地、飞奔驰骋的马蹄声。放眼一望，苍穹之下，骏马如云，蹄声雷动，感慨万千。

钩沉往事，当属龙驹，可以这样说，马与蒙古族有着深厚的历史渊源，是这个马背民族的活态形象。无论是圣祖成吉思汗雄霸欧亚大陆的征战年代，还是元世祖忽必烈亲率大军南征大理的遥远战事。无论是俺答汗十万子民皈依黄教、游牧高原的鼎盛时期，还是雄才大略的固始汗统一青藏高原、铸就辉煌历史的民族传奇。这些整日里与马为伍，爱马如命，对战马或牧马的习性了如指掌的蒙古骑士，当他们见到青海骢的那一刻，立即被这种完全能与蒙古马、伊犁马抑或是汗血宝马相媲美的

优秀马种所吸引。可以说，正是这种宝驹良马成就了忽必烈征服大理，固始汗统一青藏高原的宏伟大业。也使得和硕特部族在这里定居下来，仰仗青海骢游牧八荒四野，开始书写德都蒙古艰难而辉煌的历史。

在今天的戈壁草原上，尤其是水草丰美的马兰滩，只要提及与马相关的故事，牧人的脸上立刻就会荡漾起骄傲自豪的神情，他们就会如数家珍地讲起马的传说。戈壁草原之所以还拥有流霞般的马群，是因为这里环境很适合牧马，马群里既有伊犁马的后代，又有内蒙古三河马的子孙，更多的是河南蒙旗的河曲马和祁连山的山丹马，要论产奶量，还是当地马的奶量高，而且营养丰富，是酿造马奶酒的上等原料。

如今，马匹作为牧民出行的重要交通工具，已经完成了它们的历史使命。但在汽车、摩托车无法通行抵达的崇山峻岭，抑或是沼泽湿地，马匹的主导地位依然无可动摇，它们依旧是牧民转场游牧时的绝对主力。而策马扬鞭，飞奔驰骋的草原情结，仍然是这个民族不灭的光荣与梦想。在一年一度规模不等的那达慕大会上，赛马依旧是大会的主角和掀起高潮的主场大戏。这里的牧民，就像是铭记着曾经征战沙场、奋力拼杀、所向披靡的英雄的名字一样，能说出那些赛马冠军和他们坐骑的名字。

你看啊！天边的薄云下，一道彩色的风景正在形成，那就是疾风般嘶鸣着、奔腾着的马群。而在它们尚未抵达的家园里，一锅新酿造的马奶酒正弥漫着醉人的馨香，带着柴火的余温呈现在客人的面前。这时，整个草原都沉浸在腾格尔那首经典歌曲《马兰花》的旋律中——

马兰花马兰花，
开放在六月的草原；
马兰花马兰花，
一身傲骨映着那蓝天；
马兰花马兰花，
微笑在家乡的牧场；
马兰花马兰花，
美丽芬芳拥抱着阳光……

巴音河静静地流淌，宽阔的河面清波荡漾，清澈的河水铺满了碎金似的阳光，不时有三两只水鸟掠过河面。而从不甘寂寞的百灵鸟，精灵般沿河岸鸣啼飞向远方。这片河流蜿蜒西行，两岸风光旖旎的大草原，就是闻名西部漠野的马兰滩。蒙古语称其为“呼德查克勒德格”，意思就是“马兰滩”，因生长茂盛的马兰草（查克勒德格）而得名。

在柴达木广袤的大地上，生长马兰花的不止这一个地方。但论其面积和生长状况，戈壁草原的马兰滩可谓首屈一指，闻名遐迩。因为这片画一般的草原，不仅是万亩马兰养育千百匹骏马的摇篮，更是柯鲁克旗久负盛名的马奶酒酿造基地。如今，海西州有关部门已经将这里命名为“德都蒙古马奶文化之乡”。每年春夏之际，牧民们都会在此安营扎寨，垒灶支锅，按照传统工艺酿造马奶酒，制作马奶子系列产品。不仅使这项延续了千百年的酿酒技艺得以传承，也为牧民们的生产生活拓展了致富的渠道。而马兰滩的马奶子系列制品已成为声名鹊起，供不应求的绿色保健饮品，究其原因，牧民们是这样称道的：因为这片草原的草好水美，更因为我们无可比拟的马奶文化所显现的无穷魅力。

在戈壁草原上生存的万物生灵中，马兰花之所以被牧民们赞誉为草原上的花仙子，是因为她那与生俱来的傲骨和灵气。

颀长的叶脉，诱人的水绿，灵动的花卉，精灵般簇拥的草丛，无一不让人从中感悟到生命的绚丽和多姿。马兰花又名马莲，是一种耐干旱、耐盐碱，生命力极其顽强，活力蓬勃旺盛，营养十分丰富的鸢尾科鸢尾属多年生草本宿根物。

5 月下旬至 6 月上旬，是戈壁草原马兰花盛开的时节，花大新奇，花色绚丽，鲜艳夺目，五彩缤纷。微风轻抚，那一朵朵，一丛丛蓝莹莹、紫晶晶、青幽幽的马兰花，仿佛千万只翩翩起舞的彩蝶迷乱了人们的双眼。每当这个季节，马兰滩就成了摄影家纷纷聚焦的焦点，诗人作家采风畅怀抒情的驿站。而此刻，我忽然想起了儿时看过的一部动画片——《马兰花》，并且依稀记得它所讲述的故事。

很久以前，在美丽的马兰山下，生活着一棵 1500 岁的树公公和一群可爱的小动物。它们最喜爱的人是马兰花的护花神马郎。这天正好是马兰花开的日子，山下的王老爹来到山上拾柴火，为了给女儿摘一朵最好看的马兰花，不幸坠下山崖。马郎勇敢地救起了王老爹。王老爹十分感激马郎，非常喜欢这个年轻人。这时，山下传来小兰动人的歌声。

王老爹说，那是我的女儿小兰在唱歌。我有两个女儿，她们长得一模一样。马郎送给王老爹一朵神奇的马兰花说，老人家，请您问问您的女儿，谁愿意嫁给我，就把这朵花送给她。到了家里，王老爹叙述了自己的经历。大兰立即夺过了马兰花，表示愿意嫁给马郎。但是，当她又听爹爹说马郎没有房产和财产，靠勤劳的双手过日子，就立刻丢弃了马兰花。而小兰却捡起了马兰花，愿意与马郎共同生活。

在圆月当空的夜晚，马郎在大家的陪同下，高擎着一盏盏荷花灯，驾着木船前来迎接新娘小兰。婚礼简朴而又热烈，大家十分快活。从此，小兰与马郎过上了恩爱的甜蜜生活。

一年后，小兰带着神奇的马兰花回娘家。贪心的老猫偷偷地跟踪她，听到小兰念了声口诀："马兰花，马兰花，风吹雨打都不怕，勤劳的人在说话，请你现在就开花！"之后，许多贵重的礼物转眼间就出现了。

老猫看得直眼红。它利用大兰对小兰的嫉妒，极力讨好大兰，并怂恿她第二天送小兰回家。在小河边，老猫又怂恿大兰穿上妹妹的衣服，戴上妹妹的耳环，想利用大兰骗过小兰头上的马兰花。但遭到了小兰的拒绝，恼羞成怒的老猫恶狠狠地扑上去抢夺马兰花，并把小兰推进了河里。小鸟们看到了这一切，前仆后继地与老猫勇敢搏斗，可都受了重伤。

这时，早已经被老猫控制的大兰，虽然惊恐万分，追悔莫及，但又无法摆脱老猫的唆使。马郎知道了真相后，发动大家一起来抓捕凶恶残忍的老猫。

老猫呼唤马兰花给它变出金银财宝、大马车。果然，八匹马的大马车出现了，老猫十分得意。殊不知，这是马郎和小动物们变成的。老猫终于受到了正义的惩罚。

马郎向马兰花呼唤，使得落水溺亡的小兰和受伤而死的小鸟们，又获得了新的生命。从此，美丽的马兰山又洋溢着幸福的笑声，回荡着欢乐的歌声——“马兰花，马兰花，风吹雨打都不怕，勤劳的人在说话，请你马上就开花。”

……

每当我来到马兰花滩，置身于马兰花丛中，这句经典的童谣，就会时不时地萦绕在我的耳郭，成为我童年时代最美好的记忆。我想，故事里的马兰山，何尝不是眼前的马兰滩呢？马兰花，戈壁草原的花仙子，人间善良的宿世的情人。

——她是长生天书写在瀚海戈壁的一部旷世美文，更是自然风光和人文历史浑然天成的一道大美风景……

第二辑　传说与神话共存的人间桃源

情人湖：凄美动人的爱情故事

就像刘三姐之于桂林，阿诗玛之于石林，演绎出人与自然完美融合的桂林和云南印象一样，德令哈也因一对天造地设的姊妹湖和演绎的那段凄美动人的爱情故事而声名鹊起，令人慨叹不已。

在距德令哈之西40公里的怀头他拉草原上，镶嵌着一大一小、一咸一淡两个美丽恬静的湖泊，像两面银光熠熠的宝镜闪耀在蓝天之下，这就是柯鲁克湖和托素湖。大的叫托素湖，面积180多平方公里，是个咸水湖。小的叫柯鲁克湖，面积58.6平方公里，是个淡水湖。两湖被一条长约10公里银色的小河连接起来，形似褡裢，故而又称褡裢湖。

托素湖和柯鲁克湖相距很近，犹如一对一衣带水，相依为命的姊妹，向人们展示着蓝宝石样迷人的风采。然而，让人感到不可思议的是，尽管两湖近在咫尺，也有着相同的历史嬗变和地理环境，但却一咸一淡，生态各异，风姿卓然不同，给这

对富有神秘色彩的湖泊增添了无限的神韵。

“托素”在蒙语中的意思是“酥油”，“柯鲁克”的意思是“水草丰美的地方”。相传很久很久以前，在这片遥远荒寂的大漠戈壁，有一条美丽的金水河，从遥远的山间流经这里。从此，干旱的沙漠有了清亮的水声，乱石的戈壁有了鲜嫩的青草。随着河流的不断延伸，河畔的青草也不断地扩展，一片水草丰美的草原，终于替代了昔日的沙漠戈壁。于是，这片野牛

成群，黄羊成阵，却被猛禽凶兽主宰的荒原，在一个北方游牧民族千百年的精心打理和百般呵护下，才成为像敕勒川一样“天苍苍，野茫茫，风吹草低见牛羊”的梦中家园，理想牧场。

话说当年，在这美丽富饶的金水河畔，居住着蒙古族先民的一个部落。部落里有一对自小青梅竹马、情投意合的情人，男的叫托素，威武英俊、勤劳勇敢；女的叫柯鲁克，聪明贤惠、美丽善良。然而，就在他们缔结良缘、终成眷属的时候，却被一位至高无上的王爷，在一次纯属偶然的遭遇中，阻断了他们情深似海的姻缘。

这天，恰逢是托素与柯鲁克在金水河畔互赠定情物，商定婚庆的良辰吉日。正当柯鲁克将一条亲手编织的羊绒哈达搭上托素的脖颈，托素也将他采自伊克柴达木的珍珠盐项链佩戴在柯鲁克胸前的时候。一位至高无上的王爷，因为追逐一只被他猎伤的羚羊而让哈拉（旱獭）洞掀翻马背，一头栽倒在他俩的面前。

托素急忙用双手托起王爷摔昏的脑袋，柯鲁克迅速地手捧清凉的河水清濯王爷的脸面，然后将灵魂出窍的王爷唤回了人间。这个被托素和柯鲁克唤回人间的王爷，却恩将仇报，立誓要把柯鲁克纳为他第108个妻妾。于是，王爷郑重许诺托素：“你既然能从伊克柴达木为柯鲁克采集108颗珍珠盐，串成一条比珍珠宝石还要晶莹剔透的项链，你也肯定能从伊克柴达木为王爷我背回108袋比金银珠宝还要珍贵的青盐。到那时，王爷我将亲自为你们主持盛大的婚礼庆典。”

托素于是走出了诡谲奸诈的王爷府，在柯鲁克泪流成河的凝视中，毅然决然地踏上了往返伊克柴达木，背青盐 108 袋的艰难路程。就在 107 袋青盐堆积在王爷府之后，柯鲁克再也看不到托素背盐的身影而痛苦欲绝之时，一只因他们的故事感动而落泪的大雁落在了她的眼前。

那只凄厉啼鸣的大雁，将轻含在口中的一粒硕大的珍珠盐吐落在她的掌心，而后又焦急万分地扑闪着双翅，发出声声啼鸣飞向暮云叆叇的黄昏。早已在凄情孤寂的等待中惶惶不可终日的柯鲁克，便心有灵犀地耳听着大雁的啼鸣，目随着大雁的踪迹，在一片汗渍凝结而成的盐碱地上，终于找到了被第 108 袋青盐压断了腰身，耗尽了血汗而渴死在瀚海边缘的托素。悲恸欲绝的柯鲁克搂抱着托素即将风干为铁硬盐盖的躯体，长流不止的泪水顿时化作倾盆大雨，最终依附在托素的身边气绝身亡。柯鲁克姑娘饱含深情的泪眼化作了柯鲁克湖，托素身边的那袋青盐则被她的泪水融化成为了托素湖，而她搂抱托素的手臂也就变成了一条联通彼此的血脉。

这就是在德令哈大地上演绎迄今的情人湖传说。

这就是人间爱情赋予自然地貌景观的非凡想象。

难怪柯鲁克湖，总是向我们呈现出南国水乡那种风姿卓然，恬静安然，渔舟唱晚的情调——清风摇曳芦荡，在岸边掀起层层绿波，绿波潋滟的湖面荡漾着一叶叶扁舟，扁舟之上是翔集的鸥鸟，它们用颤动的羽翼裁剪出一套白云流苏、蓝天为缎的裙衫，尽情地装饰着少女样清纯靓丽、温情脉脉的柯鲁克。这时，你若伴随着清雅的湖风，在清莹透彻的柔波里走上栈桥，然后乘坐那艘不甚豪华，却体态高雅的游轮环湖游览一番，那

种不是江南，胜似江南的感觉就会油然而生。而那道芳香四溢，绝无仅有的柯鲁克鱼蟹盛宴正在等待着你的光临。

柯鲁克湖，是柴达木唯一一泓诞生在无数大盐泽缝隙中的淡水湖。巴音郭勒历经数百公里穿峡越谷、漫漶戈壁、孕育草原的径流之后，终于在芦苇丛生、雁鸣不绝、鱼翔浅底、鸥鸟云集、灌木葳蕤、百灵纷飞、羊群散缀其间的柯鲁克放慢了脚步，汪洋成波光粼粼、水产资源丰饶的湖泊。然而，她并没有因此停滞不前，毅然决然地流到了托素湖。

托素湖与柯鲁克湖虽然近在咫尺，却有着迥然不同的风格——正如情人湖传说中描述的那样，它呈现在我们眼前的是一种“无风三尺浪，有风浪三丈”的大海的气魄。

此时，正值天晴日朗，让人似乎觉察不出白云的游荡。这

泓被蒙古人形容为酥油的大湖，也平静地荡漾着它湛蓝无比的三尺细浪，用它咸涩的浪花，经年不止地拍打着它早已变得柔软脆弱的岩岸。

托素湖是典型的内陆咸水湖，它的周围全是茫茫的戈壁荒滩。尽管它湖面烟波浩渺，湖岸无垠开阔，但也无法摆脱因气候干旱、高温笼罩、蒸发剧增，致使湖水含盐量增高，水生动植物和浮游生物难以存活的现状。然而，托素湖风平浪静时，那种浩瀚的湖面湛蓝如碧，辽阔的湖岸水天一色的壮观景象，

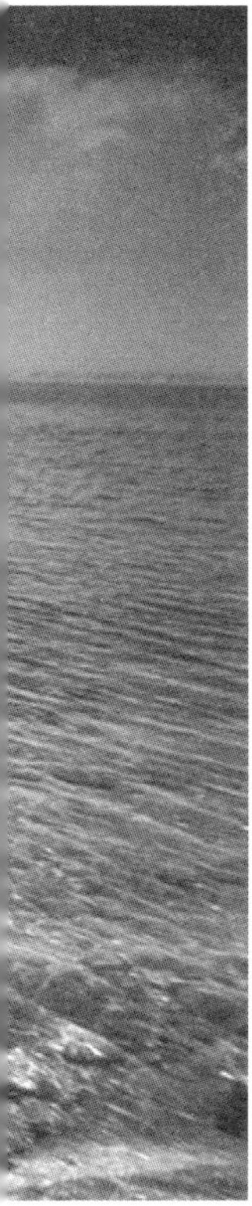

那种风起云涌时，惊涛汹涌拍岸如雷，浪花飞溅似雪的气势，感人至深，动人心魄。

“天外黑风吹海立，瞬间风平鸥鸟聚。”柯鲁克湖和托素湖用不同的方式，为德令哈共同营造了一个撼人心扉，动人魂魄的自然与人文绘制的山水画卷。

三月，当春寒料峭的信风撕裂柯鲁克湖冰封四个月之久的湖面，破裂的浮冰在岸边推起一座座冰山。源自温泉湾的暖流犹如滚滚洪波，溶解了托素湖的雪地冰天，就会有数万只春来秋往、不停迁徙的珍禽从遥远的南国飞落到此。在托素湖的湖心岛上扒窝生蛋，孵育儿女。在柯鲁克湖的芦苇丛中筑巢栖居，训练飞翔。于是，在托素湖约一平方公里的湖心岛上，窝巢遍地，鸟蛋累累，生存着成千上万只鸟类，是青海省仅次于青海湖鸟岛的第二大鸟岛。

这就是德令哈的情人湖——一个雁阵在秋霜撒露的早晨飞向南方，北来的天鹅却要落脚的地方。

这就是德令哈的情人湖——一个栖居着 18 种世界珍禽，即便是在冬天，也会被黑颈鹤选择的故乡。

这就是德令哈的情人湖——一个深居瀚海却从不张扬，迄今依旧素面朝天、向阳微笑的诗意天堂……

探秘『外星人』遗址

神秘但不遥远的托素湖，隐藏在德令哈西南方约 80 公里左右的浩瀚戈壁滩上。这是一泓具有海的气魄，海的深邃，海的壮阔，海的颜色，面积达 180 多平方公里的咸水湖。千百年来，它以海洋般潮润的蔚蓝抵御着原始的洪荒，以酥油般黏稠的滔天巨浪拍打着岩石的堤岸，以毫不掩饰的清波碧浪向岸边的梭梭诉说着久远的故事，以它从不放弃、也从不言败退缩的毅力，彰显着大湖与大漠对决的豪情……

这是旱魃西部之湖的情怀，更是荒寂西部之湖的风采。那么，现在就让我们沿着这条堪比高速公路的 315 国道西行吧！当 8 月的一天，当我们乘坐的车将一行行浓绿的白杨铺展在道路两旁，一阵阵扑面而来又跟随身后的绿风，把我们送到一片金色旱原的时候，一座花岗岩垒成，刻有托素湖“外星人”遗址的路牌就会矗立在我们面前。

外星人本就是我们地球人的一种想象和传说，而这里居然

有他们的遗址——那种好奇之心自然会不言而喻。于是，我们拐上匝道，通过立交桥，沿着柯鲁克湖西岸那茂密的芦苇荡，猩红的盐抓抓，挂果的沙棘丛向南行驶。

十几分钟之后，随着雅丹地貌由峻峭到平庸，梭梭林也由密集到稀疏之时，一泓蓝得令人心醉神秘的大湖就会呈现在我们眼前。这就是托素湖，一个被德都蒙古称作酥油的湖泊，一

个想象和传说里的外星人遗址。

在这条坦荡的环湖观光公路尚未修成的时候，若要探访它是需要付出一定的代价。据海西已故的著名摄影家姜维舟先生身前讲："20世纪70年代，他陪同作家言公和诗人白渔，初次拜访和踏探这里的时候，是凭借一条橡皮船从柯鲁克湖出水口出发，沿着一条连接两个湖泊的小河，用了将近一天的时间才到达托素湖的。"

当时，他们被眼前的壮景惊呆了。面对人迹罕至，惊涛拍岸的泱泱大湖，以及湖岸如刀劈斧砍的铁色礁石，乱石簇拥的金色沙滩，还有沙滩上那道白色沙石凝固而成，犹如剑劈的绝壁，绝壁下神秘幽暗的洞穴，洞穴里几根仿佛铸铁般锈迹斑斑的管状物……诗人突发奇想：莫非这就是外星人探秘地球时留下的痕迹？于是，他们眼前这座已经在托素湖边屹立了千百万年，荒寂无比，也奇险无比的白色山峦便有了一个新的名字——白公山（白渔和言公各取一字），白公山下那个神秘的洞窟也被他们赋予了新的内涵——外星人遗址，并通过他们的图片和文字惊现于世人的眼前。

其实，这座山早就有了一个远比白公山更富诗意的名字——巴音察汗，蒙古语的意思是富裕的银山。古老的巴音察汗敖包，在它的山巅起码屹立了不下三百年。而那些为了便于蒙古族广众祭拜和祈福，被牧民们用马蹄开辟出的朝圣之路也不止一条两条，其中最主要的一条便是由戈壁垭豁折向南面的一片荒漠，然后穿过茂密的黑刺丛林和一大块沼泽湿地，与青藏铁路并行西去10公里左右，在连湖车站翻越铁路，沿着一处分属两家牧民的草场，在两道逼仄的网围栏间泛着水光的翻浆便道驶向山梁。这时你会发现，山梁东西两侧是截然不同的风景。

山梁东边，巴音河宛如一条银缎在阳光下蜿蜒飘荡，粼粼银波间不时有水鸟掠过河面，云集到另一段水草更茂密、食物更丰盛，也更有安全感的河面觅食或者嬉戏。河畔青草如茵，牛羊成群，三两顶相隔遥远的蒙古包犹如盛开的白莲，在蓝色的天幕下闪耀着金色的光晕。悠然袅娜的炊烟，仿佛画家饱蘸七彩颜料，缓慢勾勒线条的毫尖，精心绘制着一幅田园牧歌的山水画卷。

而山梁西侧却截然相反，此时正当西斜的太阳将灼热的光芒敷设在泛着盐碱的白光上，形成了金色的光晕，山冈寸草不生，荒野漫卷黄沙，就连脚下滚烫的砾石也好像横陈了亿万年之久的化石般，唯有托素湖彰显着生命的灵光。这里奇异的山形地貌，以及造型怪异的巨石碎片，仿佛来自另一个星球。加之涛声如雷，波涌浪滚，堆起千层雪的托素湖，让人不得不对外星人是否曾经到此驻足而产生非凡的联想。

这就是托素湖——一个曾经演绎过爱情悲剧，令人无不扼腕痛惜的圣洁之湖。一个被外星人遗址勾起好奇之心，让人心向神往的天界圣土。

现在，我们已经沿着环湖的旅游观光公路抵达外星人遗址，这座面对托素湖陡然峭立，仿佛金字塔般的金色沙山名叫巴音察汗，也是托素湖外星人遗址的核心所在。在它的山脚下，有三孔呈三角形依次排开的岩洞，只因山体坍塌，左右两侧的山洞只留下一个轮廓和一道缝隙而被掩埋殆尽。

然而，你如若想走进这个神秘的山洞，踏探窥寻它的究竟，虔心仰慕它的尊荣，则需要托素湖的浪涛助你一臂之力，才能在你徒步攀行了一段布满碎石的六十度高坡之后，走进这个以红色砂岩为主调，以铁锈洞孔为点缀，洞高不过 9 米，洞深也不超 7 米，却让人顿时感觉到这个已经在此幽深了千万年之久的洞穴，给人无尽的想象空间。这难道不是可供千万个外星人穴居永远的地球家园吗？因为我们就是从洞穴里走出的生命……

据姜维舟先生当年所言：那时，他们的确在洞内看到了一根直径约 40 厘米粗细、类似于风化后的铸铁管道从洞顶斜插而下，犹如齐天大圣孙悟空的定海神针。曾经，这根被作家言公和诗人白渔亲眼所见，从而激发了他们的灵感，放飞了他们想象的铸铁管道，却早已消踪灭迹，仅留下了一道道管状模样的铁锈色圆孔。不仅如此，在洞外其他地方，尤其是湖心岛上也有许多类似的管孔遗痕。仅凭这些人们无法解释的地质现象，就能作为“外星人”存在并在此逗留的证据吗？

据说，一些渴望揭开这个千古之谜的人，像考古人员一样专业地手持铁锤，从铁硬的管壁上凿下标本，这些标本经过权威部门化验认定：标本中氧化铁含量占 30%，其他成分则无法确认，没有化验出的元素占 8% 左右，这便给人们留下了想象的空间和探秘的意愿。难怪 CCTV 会派出《探索与发现》剧组在此拍摄多日，特邀专家学者从各个层面进行了剖析和解疑。

疑点之一：托素湖地处漠海深处，曾经是杳无人烟的蛮荒之野，比照今天的路况和交通工具，在远古时代根本无法将这么多口径不一的大铁管运进荒漠，更别说把几百米长的铁管插进巴音诺瓦山了。除了外星人可以创造这样的奇迹，人类在当时是无能为力的。

疑点之二：托素湖地势高阔，空气稀薄，透明通畅，尤其是高空俯瞰，形似褡裢的托素湖和柯鲁克湖，很可能就是驾驶 UFO 飞行器的外星人，最好辨认的降落或起飞的鲜明标志。于是，巴音诺瓦山南边那个比足球场还要大的平地，便被认为是外星人来去自如的理想境地。

疑点之三：托素湖虽然神秘，但它能与在亚马孙丛林中只留下一座石头古城，而突然在地球蒸发的玛雅文明相提并论吗？还有地上的埃及金字塔、空中的巴比伦花园，以及阿拉泰的千面石人……难道它们也是外星人所为吗？于是，人们依据大自然亿万年的演变又寻找出了似是而非的答案。

解惑之一是树木说。遥远的喜马拉雅造山运动，让曾经沧海横流，鸥鸟遮天，林木森然的柴达木，变成了今天瀚海横亘，烈日高悬，黄沙漫卷的柴达木。遥想当年，那些海岸的大树被瞬间埋进地下，而后浸泡于含铁量较高，沉积在被盐卤侵蚀的岩灰之中。千万年之后，那些或直立，或斜依，或倒下，历经磨难的大树，类似于肉体的树干纷纷腐朽，而那层平日里就忍受着骄阳暴晒、风吹雨淋、霜冻雪凝的树皮却氧化成铁硬的管状，任人猜测和遐想。

解惑之二是溶洞说。由于欧亚板块与印度板块的猛烈冲撞，造成了一系列的地壳裂变。随着古地中海的远去，青藏高原由此诞生。而托素湖周边这些铁锈色的洞孔，很可能就是那个时期因海底火山喷发的熔岩所致。

解惑之三是泉眼说。托素湖是提特里斯海远走他乡时留在柴达木的一只望眼，它之所以能在干旱的柴达木盆地存活迄今，是因为它拥有无数个喷涌的泉眼。这些泉眼随着高山的隆起，大地的抬升而变成了今天的形状。

现在我想说的是：托素湖是一个值得人们前往探秘，或是游览的地方，既不为外星人遗址的传说，也不为情人湖故事的演绎，只为它的蔚蓝与雄阔，以及它的惊涛与磅礴……

记忆如歌：固始汗主题雕像

雪地里滚荡的马蹄声

从高原的天空中划过

风靡青藏一世的足迹

铭刻在历史的画卷中……

黄昏时分，我站在黑石山水库的一座凉亭环顾四周，一泓修建不久的人工大湖正在我眼前荡漾着粼粼波光，来自祁连山深处哈拉腾雪山的巴音河，在这里停下了匆忙急促的脚步。但它稍作休整之后，便会通过拦河大坝的溢洪甬道奔泻而下，顺着经过综合治理的河道穿过市区，流向远方的柯鲁克。

但我此时的目光所关注的不是在夕阳下满河流金的巴音河，而是河对岸那片被金辉覆盖的固始汗雕像群落。不瞒你说，这座整体造型犹如山岳般气势恢宏、主题鲜明、蕴含丰富、雄浑厚重的雕塑堪称世界之最。

无论是初来乍到的德令哈观光客，还是世代久居德令哈的各族百姓，若要去柏树山景区游览，抑或是踏青休闲，在前往德都蒙古原生态旅游文化园的路上，第一个闯入眼帘的是以固始汗为主题的雕塑群落。

既然说到了固始汗广场，那么，就讲一讲他富有传奇的故事吧！此时，夕阳正在消隐，晚霞依然绚烂，但我将要讲述的有关固始汗的传奇故事才刚刚开始——这是一代代口耳相传的故事，它已经延续了近400年之久。现在，面对高大伟岸的固始汗，我可以把祖父讲给父亲，父亲又讲给我，而后我还会讲给儿子的故事徐徐道来。

固始汗原名图鲁拜呼，是成吉思汗之弟哈布图哈萨尔的十九世血缘子孙，公元17世纪中期卫拉特蒙古和硕特部首领，西藏政教合一的军事领袖。

公元17世纪，西藏政教合一的政局因教派斗争而风云迭起，纷争不断。那时，随着宗喀巴创立的格鲁派（世称黄教），自15世纪在西藏地区得到迅速传播，逐步形成了甘丹寺、哲蚌寺、色拉寺、扎什仑布寺等庞大的寺院集团。

格鲁派的隆盛，影响了其他教派的利益，明万历四十六年（公元1618年），噶玛噶举派辛霞巴家族在后藏建立了第悉藏巴汗政权之后，便将格鲁派视为劲敌，因而纷争连绵不断，并且串通一度统治青海牧区的却图汗，共同打击格鲁派。

据松巴·益西班觉《青海史》记载：公元1632年，却图汗在“蒙古六大部兴乱之时，因与喀尔喀诸酋长不和而被逐，窜至青海”。却图汗是噶举派信徒，他“杀死大批在青海地区的黄教僧人，或把他们监禁起来”。并与康区白利土司和藏巴汗结成联盟，“立誓要摧毁色拉、哲蚌、甘丹三大寺，消灭格鲁派”。

生死关头，何以援手？格鲁派首领人物罗桑确吉坚赞派使者赴卫拉特蒙古，请求出兵援助。据《青海史》记载：固始汗当时向各位首领明确表示：“我愿去西藏。”于是，雄才大略的固始汗，在他已逾“知命之年”，以格鲁派护法王的姿态，走上了统一青藏高原，建立固始汗国的政治舞台。

公元1636年，这支以和硕特部为主力，准噶尔部为左翼，土尔扈特部为右翼，随后有杜尔伯特和辉特部的军队，在固始汗与巴图尔珲台吉率领下进军青海。是年秋末冬初，固始汗挥师挺进到青海上部地区，以一万精兵与却图汗三万之众进行了一场恶战，以少胜多，大败却图汗。

今天，在当年血染山谷的地方，随处都能看见七彩缤纷、人神共舞的彩练。它们搭建的地方必定有传奇的故事，它们舞

动的时候也必然有虔诚的祈祷和祝福。

随着却图汗的灭亡，康区白利土司和藏巴汗政权的相继崩塌，这场由教派斗争所引发的部落纷争、民族仇杀的战争悲剧，以刀光剑影的形式画上了句号，取而代之的则是高扬于山巅、峡谷、河岸、湖畔、写有六字箴言的吉祥经幡，青藏高原由此进入了一段相对宁静的和平岁月。

而固始汗因此成为一位在特定的历史条件下，为促进民族团结、维护祖国统一、巩固西南边疆做出了重大贡献的历史人物。

在他统一青藏时期，也将当时游牧蒙古高原、新疆朔漠的部分蒙古游牧民族迁移到青海草原，从而赢得了青藏蒙古族始祖——这一至高无上的称谓。因而，这个世界上最大的雕塑便以“遵行文义敏慧固始汗”命名，因为这是当年满清王朝赐予固始汗的正式封号。

这座高达7.9米，长达39米，以“遵行文义敏慧固始汗”命名的主题雕塑所用的材质，是一种色泽靛青，质地坚硬，耐寒耐旱，不易风化，适应高原气候特点的鲁灰花岗岩。雕塑采用了圆雕与浮雕相结合的写实手法，艺术地刻画了固始汗高大伟岸的形象，真实地再现了那场波澜壮阔的历史事件。整体雕塑由一座座雪山连绵而成，加之圆雕、半圆雕、深浮雕与浅浮雕等多种雕塑艺术形式处理，使人物与山体呈现出相互叠错，起伏变化的层次关系，充分表现出人在高原行走，山在脚下移动的征战与迁徙过程。

雕塑的中心是固始汗的站像，伟人与高山相融。造像真实地塑造了他53岁挺军青藏高原，到62岁取得全面胜利，获得“护法神”尊位的巅峰时代。其身旁屹立左右、手握弓箭战刀、威武强悍的两位将军，则从一个侧面反映了卫拉特蒙古和硕特、准噶尔部两翼强大的军事力量！

雕塑正面以固始汗为中心，以连环画的叙事风格和表现形式，从西至东依次展现了固始汗一生中极具影响力的五件大事：

一是他少年聪慧、勇武超群、威名远播。13 岁时就率领军队击败俄伽浩特之“果噶尔”部四万士兵，占据今巴里坤、乌鲁木齐一带，威名大振。浮雕中特写了少年英雄固始汗统领大军，率先冲锋的威武形象。

二是他胸怀坦荡、英勇无畏、获称国师。卫拉特蒙古高原发生喀尔喀蒙古战争后，由于固始汗的威望和才智，得到了当时参与调解各方——藏传佛教格鲁派代表与蒙古诸部均有联系的东科尔呼图克图（东科尔寺，在今青海湟源县）、喀尔喀各部首领等的一致推重，和平解决争端，并获赠“大国师”称号（“固始”或为“国师”转音）。至此，图鲁拜虎便以“固始汗”闻世。浮雕表现了他只身率领几个侍卫从容来到喀尔喀蒙古的汗帐，谈判调停的情景，并特写了固始汗的高大形象，体现了他超凡的智慧和勇敢。

三是他雄才大略、护法有方、统一青藏。固始汗消灭却图汗后，率其部众从公元 1638 年起陆续移牧于青海草原上（第一批有和硕特约 5000 户，一部分辉特人和土尔扈特人），尔后，两三年内，固始汗又将游牧在天山以北的和硕特部众大批迁居青海，由“其子十人领之”，世称十台吉。准噶尔的一部分也迁来青海，称绰罗斯。“固始汗兄弟惟昆都仑乌巴什、布雅鄂特欢留旧牧，拜巴噶斯袭据西套，余皆随固始汗徙青海”。“是时，和硕特固始汗最强，为四卫拉特之首”。浮雕表现了固始汗部众入驻青海的情景，描绘了德都蒙古先民的伟大足迹。

四是他智慧超群、意志刚毅、尊位法王。1637 年（明崇祯十一年，清崇德三年），固始汗再度装扮香客带领 1000 多人朝佛入藏来到拉萨。五世达赖在大昭寺为之举行吉祥法会，赠予他“丹增却杰甲波”（持教法王）尊号和“固始·丹增曲结”印章（“国师·持教法王”，或作“丹津却吉甲波”），意“佛教护法王”尊号，蒙古语又称为“固始诺门汗”（“国师护法汗”），还给固始汗的儿子和随行官员赠给称号。浮雕根据布达拉宫固始汗壁画中，被尊为护教法王（护法神）的光辉形象雕塑而成。

五是清廷册封、统领青藏、至高无上。1653 年，顺治帝特派专使进藏，以金册金印，册封固始汗为“遵行文义敏慧固始汗”（册文用满、蒙、汉三种文字）。浮雕表现了固始汗接受清廷册封，使其丰功伟业达到顶峰时的情景。

现在，趁着夕阳尚未散尽，晚霞正铺展大地的时候，我再说一说雕塑背面的内容：这组浮雕以散文诗的叙事风格，山水画的写意手法，以及它近实远虚的画面处理，不仅让我们看到了固始汗时期蒙藏人民平静祥和、幸福安康的生活场景，更让

我们感悟和领会到了祖国统一、民族团结、中华振兴的步履是如此得艰难漫长，也是如此的灿烂辉煌。

置身于柏树山前曾经空旷辽阔、人迹罕至、原始古朴的荒原，仰望晚霞尽染、巍然耸立、气势磅礴的固始汗雕像群落，一幅以德都蒙古一户祖孙三代六口之家、敬献哈达奶酒为主题，背景是祥云缭绕，鹤舞雁鸣、天鹅徜徉的画面，不仅让我从一个侧面理解了一个民族热情好客、豁达真诚的情感。也使我懂得了一个民族坚忍不拔、勇往直前的性格。这是苦难与辉煌并存的历史。

这时，被晚霞濡染成一片金黄的固始汗雕塑，那一幅幅蒙藏妇女牧牛羊、打酥油、擀毛毡的场面。那一个个蒙藏牧民在悠悠羌笛和马头琴的伴奏下载歌载舞的场景。那一次次蒙藏汉回各民族相互敬重、迎来送往的情形，无一不是吸引我的双眼，触动我的心弦，激发我的灵感，成为一股促使我介绍此事，书写此章的动力之源。

看啊！这座浮雕的远景是雪山、河流、湖泊、草原、树木，以及翱翔天空的雁阵，跋涉荒漠的驼队，驰骋大地的骏马和狩猎放牧的牧民。浮雕的中景是如意的宝塔、吉祥的敖包、炊烟袅娜的账房，以及围着篝火尽情演唱的民族歌舞。浮雕的近景或是特写，则以一位蒙古汉子手擎大盆手抓羊肉敬献宾客为场景。从而以远全中近特的影视技巧全景式地展现和阐释了一个民族热情质朴，善待四方客人的真挚情怀。

绚丽的晚霞正在被渐渐浓厚的暮色吞噬，巴音河悠悠的涛声也在此起彼伏的尘啸中，被璨如星河的德令哈演奏成为世纪交响的主旋律。于是，这座在 2014 年 8 月 26 日落成，堪称世界上最大的固始汗雕像，便开始在我的脑海中演绎着一部震古烁今的世纪经典。

它雕刻的是四百年难以泯灭的民族记忆。

它记录的是四百年矢志不渝的德都传奇。

它凝聚的是四百年守望相助的家园情怀。

它弘扬的是四百年薪火传承的青藏精神。

信仰的坐标：巴音查干敖包

说起金色世界德令哈的前世今生，怎么也绕不开巴音查干敖包，因为，它不仅仅是简单的祭祀和拜谒的场所，它更多的是承载了柯鲁克人千百年的历史与文化。因而，这座历史久远，文化积淀深厚，高高耸立在巴音查干山巅，任凭数百年肆虐风沙的围剿，冰雪严寒的戕残，雷电骤雨的杀戮，也不曾低下它高贵的头颅，而成为柯鲁克人信仰的坐标。

数百年前，巴音查干敖包，曾经是柯鲁克部落最大、也是最神圣的宗教信仰场所之一。数百年之后，即便是在当今社会物质和精神生活更加丰满之际，它也在这个世居民族的心目中，一直占据着不可替代的神圣地位。

德令哈地区敖包众多，但巴音查干敖包却是整个原柯鲁克部落子民，共同祭祀和守望的最大敖包。

巴音查干敖包坐落于托素湖北岸。与著名的“外星人遗址”同处于一座山。山顶是经幡猎猎的敖包，山脚是神秘莫测的洞

穴，千万年波涌浪翻的托素湖，是它除了日月星辰之外唯一的见证者。在蒙古语里，这里不叫什么山，就叫“巴音查干敖包”，是一个先有敖包之名，而后才有山名的神秘神圣之地。但现在有许多文字以及好多处地名或路标，用汉语误记为“巴音诺瓦山”。其实“巴音诺瓦山”就是“巴音查干敖包”的谐音。“巴音”是“富饶”之意，“查干”是“白色”之意，敖包就敖包，不是什么“诺瓦”！“巴音查干敖包”就是“富饶的白色敖包”之意。

巴音查干敖包是原青海蒙古 29 旗之一的柯鲁克旗最大的敖包，是全旗 9 个陶海共同祭祀的敖包。所谓的“陶海”，是旗下设的一级组织，按现在的行政设置对比，“旗”相当于“县”，“陶海”就相当于“乡镇”的级别。

原属柯鲁克旗下设有 9 个陶海，这 9 个陶海从东往西按顺序依次排列为：郭里木陶海（现在的尕海和蓄集辖区）、戈壁陶海（现在的柯鲁克镇和宗务隆一带）、怀头他拉陶海（现在的怀头他拉镇）、柴达木陶海（现在的大柴旦和小柴旦辖区）、马海陶海（现在的马海哈萨克村）、赛尔腾陶海（现在的甘肃省阿克塞县团结乡和冷湖地区）、夏日嘎拉金陶海（现在的甘肃省苏北县盐池湾乡）、乌格图勒陶海（现在的甘肃省肃北县鱼儿红乡）、马场陶海（现在的甘肃省阿克塞县和肃北县交界处）等。

巴音查干敖包的祭祀群众之多，祭祀地域之辽阔可想而知。原柯鲁克旗 9 个陶海的百姓，每年农历四月十一号这天都要举行盛大的祭祀活动，共捧这座巴音查干敖包，祈福风调雨顺、五畜兴旺、人民幸福安康。敖包祭祀活动结束后紧接着便是盛大的敖包那达慕。赛马、摔跤、射箭等男人三技吸引八方宾客，使整个戈壁草原都洋溢在节日的欢乐气氛之中。现在的巴音查干敖包祭祀活动，内容更加广泛，形式更加多样，已然成为一年一度的草原盛会。

据说柯鲁克巴音查干敖包的主神是塔文汗（五尊佛）。至于从什么时候起开始祭祀这座敖包的，却没有详尽的文字记载可查。但在民间的传说中，这是座很古老很古老的敖包，怎么算也该有三四百年的历史了。

德都蒙古祭敖包时，有一个独特的习俗已经延续了百年之久，这就是女人不能亲自到敖包跟前祭拜。柯鲁克巴音查干敖包也一样，切忌女人上敖包。传说巴音查干敖包原神灵是女性，当初男女都可以上敖包参加祭祀活动。但有一年，柯鲁克旗王爷的贵妃参加完敖包祭祀后，走到离敖包不远的一处小山坡上休息片刻之时，突然发病离开了人世。那座小山坡从此叫“阿乌哈陶鲁嘎”，意思为“贵妃山坡”。此后，柯鲁克部落一律禁忌女性上敖包参与祭祀活动的风俗便延续迄今。虽然女性不

能参加敖包祭祀，但她们仍然很开心地在举行敖包那达慕之地扎帐篷，熬奶茶，做美食，等待着家里的大小男人们从敖包上归来。

传说这座敖包的神灵，源自于圣地拉萨附近的一座神山上。

有一天，这尊神灵做了个美梦，梦到在遥远的东北方向有两个非常神奇的姊妹湖，一咸一淡，风格迥异，像是两块闪闪发光的绿宝石，镶嵌在一片金色的旷原上。在这两个美丽的姊妹湖中间，坐落着一座须弥尔雪山般皑皑的敖包山，这里苍天湛蓝，碧波潋滟，美轮美奂，看似如梦如幻的天上人间。从那以后，这尊神灵每时每刻都不由自主地思念着这个神奇美丽的远方，总想有一天能够光临其境，领略梦中那片草原的美景。这样思来想去，便有了前往探寻究竟的愿望。

终于有一天，他克制不住自己的强烈欲望，从圣地拉萨偷偷地飞向遥远的德令哈，飞落在这座须弥尔雪山般皑皑的敖包山上。他环顾四周，俯瞰山下，顿时被这块美丽神奇的土地所呈现在眼前的迷人景色陶醉得如痴如醉，不能自禁。他面对这两个碧水共长天一色，清波与芳草共荣，仿佛邂逅情人似的姊妹湖，更是流连忘返。眼前，这面宝蓝的天镜是托素湖；远处，那块晶莹的宝石是柯鲁克；这面天镜好像浓缩的苍穹，那块宝石宛如落水的圆月……

此情此景，让他的思绪灵动飞扬，令他的心迹迷失归程。因此，他延误了生灵们不为人知的来无踪、去无影的最佳时辰，而错过了飞回故土圣地的时间。忘却归途便意味着永驻他乡。然而，这不就是他曾经朝思暮想的夙愿吗？于是，他只好永远地坐落在这座白色的须弥尔山顶上，逐渐凝固成一个特别神奇的神灵坐像。

柯鲁克旗百姓以敬畏之心，崇敬之情，尊捧着这座神灵，逐步形成了这座庞大而雄伟的敖包山，并冠名为“柯鲁克巴音查干敖包”，成为德令哈地区最大最神圣的人文景观和信仰坐标。更有意思的是，在当地民间把“巴音查干敖包”也称作“傲尔格都拉敖包”，意思是“逃脱的敖包”。因为这座敖包的神灵是从圣地拉萨偷偷地跑过来的，故而称之为“逃脱的敖包”。

远眺巴音查干敖包就像一座须弥尔山。周围散落着大小各异，色彩不同的雅丹丘林。敖包西南脚下的托素湖，时而浪涛汹涌，动人心魄。时而碧波荡漾，温润柔情。仿佛天空之镜，变幻莫测，魅力无穷。敖包西北方向则与美丽的克鲁克湖交相辉映，彰显出这片戈壁草原的灵秀之美。

巴音查干敖包高高地屹立在广阔的柯鲁克大地上，像是守候金色世界德令哈的一个威武的将军。它不仅是柯鲁克大地的灵魂之所在，更是金色世界德令哈的一座文化丰碑！

汗青格勒：传唱千年的英雄史诗

发轫于部落征战时代的德都蒙古英雄史诗《汗青格勒》，是一部以口头传承和说唱形式延续迄今的活态史诗，讲述了蒙古族英雄降妖除魔拯救百姓的故事，闪烁着蒙古族人民追求美好生活的智慧之光。英雄史诗《汗青格勒》现已被国家收录为国家级非物质文化遗产名录。它的发祥地就是德令哈市怀头他拉镇。目前，海西州有关部门欲将怀头他拉命名为“英雄史诗汗青格勒之乡”。由此可见，怀头他拉，这片曾经盛产青稞的北边的庄稼地，已然成为不可小觑的英雄史诗《汗青格勒》的故乡……

《汗青格勒》：德都蒙古文化园林中的奇葩

英雄史诗《汗青格勒》被蒙古族史诗界划分为和硕特史诗，据史诗学者和专家推测，大约形成于15世纪至17世纪之间，主要流传于青海和甘肃和硕特蒙古部族的民间，故而被称之为和硕特蒙古族的民间文学名著，堪称是一部世居柴达木盆地的广大蒙古族人民，在漫长的历史长河里，口头说唱流传，不断丰富和完善的口头文学经典。

在世界各民族的文明进程中，英雄史诗犹如浩瀚深邃的星河，璀璨地闪耀在人类历史的天空。远的不说，仅在中国的青藏高原和广袤的西部大地，就有藏族民间说唱体长篇英雄史诗《格萨尔》、蒙古族民间说唱体英雄史诗《江格尔》、柯尔克孜族传记性英雄史诗《玛纳斯》。这三部史诗被学术界并称为中国少数民族的三大英雄史诗。

而流传盛行于柴达木的《汗青格勒》又该如何界定呢？它与《江格尔》这部最初产生于我国新疆地区的蒙古族卫拉特族群，至今还以口头和手抄本形式广泛流传于天山南北的英雄史诗，有没有一定的血脉之缘呢？

因为，这部英雄史诗的一代又一代说唱艺人(不是一两个人，而是一个群体)，恰恰就是西蒙古卫拉特所属的和硕特部族的天才诗人。所以，德都蒙古称《汗青格勒》这部英雄史诗为“图吉”，并且尊称那些记忆超群、卓尔不凡、一代代口授心传，耳濡目染的说唱艺人为“图吉齐”。他们以说唱或演讲的形式，用质朴的语言，形象而生动地描述和反映了蒙古族的历史，以及社会生活、生存环境和生产状况。

《汗青格勒》主要讲述了可汗巴音呼德尔阿拉泰的太子汗青格勒的故事。故事从古老的年代开始，描写了占据西北的可汗巴音呼德尔阿拉泰，叙说了汗青格勒诞生的那个良辰吉日，以及汗青格勒长大后恪守父母与巴拉玛格日勒事先许下的诺言，只身前往巴拉玛格日勒家族迎娶新娘的艰难历程。表现了一个蒙古族勇士为实现父辈们的夙愿，也为了追寻他美满幸福的婚姻，机智勇敢地战胜了常人难以想象的艰辛与苦难，不仅把父辈们的诺言变成了现实，而且还拥有了美满的婚姻和幸福的家庭，从而消除了因他人挑拨离间、妖魔作怪而产生的部族间的误会与隔阂，化干戈为玉帛，形成了部族间相互礼让，和睦共处，大路你来我往，人有牛羊可牧，家有毡包可住，家园和谐完美的宏大主题。

这与当时人们渴望征服来自自然界的无情天灾，来自黑恶势力的人间横祸，追求幸福生活的美好愿望无法分离。于是，英雄史诗《汗青格勒》也便有了这种引人入胜的开篇，以及让人爱不释手、令人沉思的结局。

“蓝天如湿地般大小的时候 / 大地似火盆样大小的时候 / 大海如水泡般大小的时候 / 须弥山似土丘样大小的时候……”史诗的开场就交代了年代与环境。“他脚踩一座山 / 身倚一座山 / 他与蓝天比肩 / 踏得大地抖颤……”史诗描写了汗青格勒出生时的情景。“肝胆相照唇齿相依 / 喝上了十天的美酒欢庆胜利 / 喝上了二十天的喜酒喜结连理 / 幸福安康的日子绵绵无期”。史诗最终诠释了幸福安康的生活。

这部史诗运用了大量的民族语言风格的形容词，比喻夸张大气，想象纵横天地，叙事恰如其分，抒情情感真挚，人物刻画恰到好处，英雄塑造形象逼真。在青藏高原，汗青格勒是智慧的化身，威武的战神，正义的象征，是广大人民心目中顶天立地的英雄。史诗中的汗青格勒为了捍卫水草丰美的家乡牧场，保护家乡人民的生命财产安全，建设平安祥和的美好家园，勇猛善战，智慧超人，不仅战胜了以妖魔鬼怪为代表的所有的邪恶势力，而且以自身的光明磊落驱散了世俗的阴霾黑暗，用自己灿烂的笑容取代了部族的痛苦悲伤，终于给家乡人民带来了和谐安宁的生活。

毫无疑问，《汗青格勒》以其丰富的社会、历史、文化内容，艺术上所达到的高度和成就，在德都蒙古文学史、社会发展史、思想史、文化史上都占有重要的地位。它是德都蒙古文化园林中的一块瑰宝，一部充分展示德都蒙古从远古就一直渴望征服来自于自然界的无情天灾，也立誓战胜来自于黑恶势力的人间横祸，永远追求幸福生活的旷世情书。因此，它才能在和硕特蒙古部落的民间，经过历代人民群众的倾情演绎，尤其是演唱《汗青格勒》的民间艺人们根据民众所望，不断斟酌添加新的故事情节、精心润色新的生活细节，使其内容更加丰富，篇幅逐渐增多，得以长期口头流传，最后成为在广大人民群众中世代传唱的英雄史诗。

如果说，英雄史诗《汗青格勒》是德都蒙古远古文学中最重要的民间文学体裁，那么它就是这一体裁中篇幅最长、容量最大、艺术表现力最强的代表之作之一。它不仅代表了德都蒙古英雄史诗的最高成就，也代表了可以和《江格尔》比肩前行的蒙古族远古文学的最高成就。

天山的飞雪，昆仑的坚冰，遥远却能共铸盖世的荣耀。

朔漠的流沙，瀚海的飓风，相聚却难湮没千年的史诗。

——因为，它是德都蒙古文学发展史上，一座让我等晚辈敬畏的丰碑！令世人仰望的一座高峰！

《汗青格勒》：寻找与聆听的快乐

据长期从事德都蒙古民间文学，尤其是英雄史诗的收集整理工作的乌席勒先生回忆：第一次寻找《汗青格勒》说唱艺人是在 1984 年的夏天，我和才仁道尔吉先生一起到怀头他拉（当时隶属乌兰县管辖）下乡，当得知著名的《汗青格勒》说唱艺人乌子尔老人就在怀头他拉定居时，真有种喜出望外的感觉。然而，令人感到惋惜的是，眼前这位五保户老人已经双目失明，生活难以自理。但他还是愉快地答应了我们的请求。在此后 20 多天里，我们每天晚上都要到老人家里一边聊天一边采访，同时录下了他说唱的德都蒙古英雄史诗《汗青格勒》，以及许多民歌、祝词和故事，用完了 10 多盘录音带。如今老艺人已经离开我们快 30 年了，但他的音容笑貌依然活在我们的记忆中。

著名民间艺人乌子尔老人

乌子尔老人说唱的《汗青格勒》具有节奏适度，语词清晰，情节曲折，

著名民间艺人乌子尔与老伴

内容感人等特点，他说唱的录音资料极其珍贵，为了更好地传承传播著名的德都蒙古英雄史诗《汗青格勒》，今年将由内蒙古教育出版社编辑出版乌席勒、才仁道尔吉采录的乌子尔老人说唱的《汗青格勒》和乌席勒采录的索克老人说唱的《汗青格勒》，尤其是乌子尔老人说唱的《汗青格勒》录音堪称绝版，对传承传播《汗青格勒》有极其重要的价值。

2006 年夏季，“孟赫嘎拉”牧民文化节在大柴旦湖畔举行，就在历时三天的文化节即将结束时，我听说这里也有一位《汗青格勒》的说唱艺人，我立即找到了他——茶汉扣文老人，当时我带有DV，就在草原上完整地录下了茶汉扣文老人说唱的《汗青格勒》。随后我们开始申报州级、省级、国家级代表性传承人，2009 年 5 月他被批准为第三批国家级非物质文化遗产项目《汗青格勒》的代表性传承人。

茶汉扣文，1933 年生，是海西蒙古族藏族自治州大柴旦行委柴旦镇牧民。11 岁时母亲因病去世，12 岁时父亲也离开了人世，留下年幼的他独自面对未来，他跟随姐姐游牧长大成人。15 岁开始跟随德都蒙古著名说唱艺人乌子尔学习英雄史诗《汗青格勒》及其他优秀民间故事等，正当茶汉扣文对说唱英雄史诗的兴趣达到极点的时候，偏偏遇上了一个接一个的运动，民间文学也被扣上了诸如“封资修”之类的莫须有罪名加以禁止了。然而，他并没有因此放弃，而是利用一些无人的闲暇时间给小朋友们说唱《汗青格勒》，他就这样在不断地温习，不断地丰富，不断地创新中保留下来了乌子尔版本的《汗青格勒》。

2008 年夏季，我带着《汗青格勒》代表性传承人索克老人离开喧嚣的都市，来到美丽的柯鲁克湖畔，在怀头他拉镇牧民才仁家的蒙古包里开始采访。索克老人虽然双目失明，但依然能够感受到草原那醉人的气息，当他落座于久违的蒙古包里时，情绪立刻发生了变化，几乎是情不自禁地敞开了说唱的歌喉，满怀高涨的激情，放飞清晰的思路，一气呵成地说唱了一部史无前例的《汗青格勒》。因为在此之前，我所采录的《汗青格勒》，时长大都在 60 分钟左右，所以我只准备了 3 盘 DV 带，以备录制两个传承人的说唱。可是，索克老人竟然说唱了两个半小时，不仅创造了说唱的奇迹，而且为我们留下了一部到目前为止时长最长的《汗青格勒》新版本。面对这位命运多舛的老人，我顿时对他肃然起敬。

索克，1946 年 10 月生，他出生十几天后母亲因病去世，奶奶照顾着幼小的索克，当索克 2 岁时，父亲胡尔都拜死于土匪入侵，4 岁时奶奶也驾鹤而去，年幼的索克开始跟随哥哥嫂子生活。然而，磨难再次接踵而来，6 岁时他双目失明，多彩的世界由此陷入漫长的黑夜，他的世界不再有阳光。为什么人生的不幸，生活的苦难总是像锁链一样缠绕着年幼的索克？但是他没有弯下腰，低下头，而是在炼狱般的现实世界里，开始利用

敏锐的听觉和出色的记忆拜师学艺，成为屈指可数的几位《汗青格勒》传承人之一。

不仅如此，索克老人还是一位技艺高超的盲人按摩师，凭借一手按摩的绝活来维持着一家人的生活，并且培养出了三个大学毕业生，一时成为人们交口称赞的佳话。老人为了在有生之年更好地传承传播《汗青格勒》，主动放弃了盲人按摩工作，积极参与非物质文化遗产的传承与传播。虽然仅靠微薄的低保工资来维持生计，但在传习所、在学校、在群艺馆等场所却能看到他忙碌的身影。2012 年 12 月，他被文化部批准为第四批国家级非物质文化遗产项目代表性传承人。在 2013 年德都蒙古春节晚会上，他饱含热泪动情地说：“我从儿时开始说唱《汗青格勒》，是《汗青格勒》给了我生活的勇气，我才战胜了太多的苦难，坚强地活了下来。是英雄史诗让我这个盲人站在了这个舞台上，现在被批准为国家级传承人，我也有义务传习好《汗青格勒》。”

索克老人说唱《汗青格勒》时语言精练简要，思路敏捷连贯，故事情节起伏跌宕，引人入胜，是《汗青格勒》传承人中难得的民间艺术人才。

当我们全方位了解了《汗青格勒》传承人的生平时，不仅感受到了英雄史诗所具有的魅力，更对人生有了的重新感悟。每一位传承人在说唱这部英雄史诗的同时，也以此作为精神寄托，激发了他们对美好生活的无比向往，从而战胜了一个又一个人生的苦难，一次又一次生活的艰辛，终于像火中的凤凰涅槃重生，成为生命的强者和活着的英雄。

这是一面激励人们面对困难、勇往直前的旗帜；

这是一只激发人们砥砺风沙、战胜苦难的号角；

这更是一座锻造人们精神境界、坚忍不拔的高山……

巴颜松祝词：天籁般的颂歌

天苍茫，雁何往？心中是北方家乡

天苍茫，雁何往？心中是北方家乡

……

酒喝干，再斟满，今夜不醉不还

酒喝干，再斟满，今夜不醉不还

——《鸿雁》

提及德令哈文化或德都蒙古文化的精髓，怎么也绕不开《巴颜松祝词》。《巴颜松祝词》是一部融汇了历代德都蒙古人民集体智慧，共同演绎和创作，历经牧民群众一代一代口头传唱下来的民间文学经典。具有悠久的历史积淀，深刻的思想内涵和丰厚的文化底蕴，在广大劳动人民的心目中占有不可动摇的地位。它不仅是口头文学作品，而且是德都蒙古先民早期历史和社会生活的缩影。

“巴颜”系蒙古语，是“很富裕”的意思。“松”是一种“酒坛”。在“酒坛”上束缚一缕洁白的羊毛，在坛口沾些许酥油，以示吉祥如意。蒙古族崇拜白色，认为白色是吉祥、圣洁、善良和长寿的象征。为此，“巴颜松酒”是德都蒙古人心目中象征幸福的“酒”（或马奶酒）。

据老艺人们解释，原来在一般百姓的小宴席上，是不允许吟唱《巴颜松祝词》的。只有在可汗（诺颜）亲自莅临的重大朝政仪式上，才会请一位德高众望的吟唱祝词的高手吟唱《巴

颜松祝词》。后来，随着社会的不断进步，经济的不断发展，人民生活水平的不断提高，原先在重大朝政仪式或各部落盟会上，才吟唱的《巴颜松祝词》开始流行到民间祭祀活动及家庭宴席中。现在，德都蒙古《巴颜松祝词》的流传区域极为广泛，德令哈不仅是主要的流传地区之一，而且是较早发现和搜集整理《巴颜松祝词》的地区。根据原乌兰县戈壁公社（今德令哈市柯鲁克镇）的著名祝词说唱家贾力曾老人口传的《巴颜松祝词》整理出版的版本，已经成为许多省内外、甚至国内外的民俗文化研究者，经常引用的最具权威的范例和脚本。

英雄史诗《汗青格勒》，民间故事《卫特麦尔更特木纳》和《巴颜松祝词》，堪称德都蒙古民间文学的三座巅峰。《巴颜松祝词》现已列为省级非物质文化遗产名录，目前，海西州正在积极将此项目申报为国家级非物质文化遗产名录。

如今，《巴颜松祝词》已经成为蒙古族群众婚礼、剪发礼（剪毛头）、贺新房等重大喜事和庆典活动中极其重要的环节，它与全羊席可谓是相得益彰，精彩纷呈。只要摆全羊席，必须请到最好的伊尔乐其（祝词者）颂唱《巴颜松祝词》，这已成为德都蒙古社会生活中必不可缺的重要习俗。

现在，“巴颜松”已经摆上了桌案，在全羊席即将开宴之前，敬请诸君与我一起倾耳聆听和尽情欣赏这首由德都蒙古民间文学研究学者跃进先生整理和翻译出版的《巴颜松祝词》吧！

祝愿太平吉祥啊——

因为拥有苍发的父汗

因为拥有慈爱的母后
才有了梭梭树般坚固的江山
才有了檀香木般繁荣的家园
请看遍地的街市
满眼通天的光焰
可使坚硬的冰河融化
可让黑暗的长夜变亮
拥有蒸蒸日上的圣洁光芒
将圣洁之光洒向天下苍生
在火神临界的日子
一岁中独有的吉日
在亲朋欢聚的日子里
在肥壮的祭羊旁
敬献着巴颜松酒的精华
高颂巴颜松酒尊贵的祝词！

英勇善战，睿智超群的铁木真
是来自九十九重天的也速该巴特尔的后代
大汗无愧于源自宇宙的长生苍天
集三十五种本领于一身
受八方民众之拥戴
历经二十一代
贵为成吉思汗
并尊为印藏之王

在万光齐放的仲夏——
那个首月中旬的十一日
备好隆重的婚礼宴席
聚九主将、五台吉、四卫拉特
和四十万蒙古之众于一道
擎起成吉思汗首创的宴礼的初乳
朝着太阳升起的东方
献给尊神那木萨日（赐给财福之神）
来自三十三重天际的昆贡扎拉布（汗的尊称）
政权在握的固始汗
兴教为民的诺门汗
与成吉思汗
同宗同祖
嘎力尕、道力尕旗（原古蒙古族旗之名称）
阿哈木德首（旗之名称）旗，
大诺彦洪格尔之长台吉
自水马（马年之意）年举旗之日至今
主汗在一十八省内纵横驰骋
祝愿真神朝瓦齐尔白尼（金刚佛之意）之化身
英明的固始汗及卫拉特众王的
不朽明政繁荣昌盛！

天子无瑕
如明月般晶莹剔透

降自上天烟尘般的细雨
犹如世间汪洋般的激浪
托起巴颜松的玉液琼浆
敬献给夕阳染红的西方
我就站在四大洲的中央

不平凡落定的海心山啊！
柯柯诺尔般长寿万年的
巴勒木桑巴旺（佛名字）神
——三界圣佛宗喀巴用真心辅佐
源自三十三重天的三明
施舍与苍生以厚德大恩
如此博大的黄教
三世鸿巴尔斯神
集力量与智慧于一身的
——瓦齐尔白尼之化身
如天上之青龙般有力
似人间之主汗般德高
比掌中养大的玉兔更受宠爱
比胯下飞驰的骏马更享爱戴
大福大贵
并赐福贵于八方苍生
愿此福贵如浩瀚西海（青海湖）般永存！
敬北方鸿沁宝得斯瓦（佛的名字）神——

乘凤驾龙的皇族
英明的成吉思汗
如檀香木的枝叶般万古长青!
愿邪恶绝迹!
愿病灾不复!
愿心存佛念
三佛保佑
永世平安吉祥!

盛世的父亲啊!
有如炼金般的火焰光耀双眼
慈祥的母亲啊!
就像圣水般的经海洗濯灵魂
我们于是得到了光明的太阳
我们于是享受了母乳的滋养
面朝日出东方的天际——
我们虔诚地敬献奶酿的琼浆
——祝您万寿无疆!

这里曾是远古尘世的中央
圣佛释迦牟尼传经的天界
手扶日月经轮升天的地方

在遥远的藏历水羊年时光

一棵菩提树被十万只狮吼

托出人间——宗喀巴大师由此诞生

创建安多十三之主寺贡本（塔尔寺）

阐释佛经真谛

播撒教义宗旨

赐予我们智慧

调解部落纠纷

化解民族矛盾

怜悯芸芸众生

他那拯救万物于水火的大恩厚德

感化了满吉希日文（殊菩萨）神

掌管饮食的德恩沁吉毕（佛的名字）喇嘛

驱魔除妖的吉格希德亚孟达克（欢喜佛）神

创造财富的达木沁秋尔吉（财神）

实现梦想的希勒图瓦拉登拉姆……

祝愿你们这些富贵之尊

恩赐我们幸福的大德真神

——与日月同在旷世永存!

啊!圣主成吉思汗

啊!明主固始可汗

纵横五湖四海

英名通达天界

而今我等后裔

依然策马扬鞭

蓝天如果没有白云就会觉得寂寞

美酒要是缺少祝词就会失去醇香

啊……我的圣主铁木汗

绵柔的马奶酒只为您酿造

啊……我的先祖固始汗

优美的巴颜松只为您演唱……

《巴颜松祝词》之所以能够在德都蒙古民间广泛流传,是因为它真实又真情地道出了人们的美好心愿。这就是远比全羊席更为丰富的精神盛宴。正如《巴颜松祝词》结尾时所言——明政四海,万世昌盛!

一位诗人和一座城市的情缘

——德令哈海子诗歌陈列馆

他记住了这座城市，这座城市也记住了他。

——谢冕

中国当代著名诗歌评论家、北京大学博士生导师谢冕教授所说的这座城市，就是德令哈。他所说的这个人，便是英年早逝的诗人海子。谢冕教授写下这句话的时候，是在2012年中国（青海·德令哈）首届海子青年诗歌节的前夜，他这样写道：“那些隐身在云层深处的神明，好像感应到了这种人间的温情。他们没有忘记24年前的那场雨。从昨天下午直到晚上我写这篇文字的时候，我的窗外始终都在潇潇地下着这场充满思念的多情的雨。”

……

而当我在2017年初夏的某一天，撰写这篇短文的时候，从黄昏开始滴答，继而淋漓，然后潇潇的夕阳雨，并没有因为西来的疾风而消停。此刻已是灯火阑珊之时，我透过四楼的窗棂

放眼望去，雨中的德令哈果然是一片朦胧，一片空阔，一片荒凉。而恰在此时，不知是何人朗诵，正是海子所写的《日记》，从客厅的电视机中深情又悲怆地洞穿了我的耳郭。我走出书房，才知道是央视的眼镜名播郎永淳，正在用他富有磁性，雄浑苍劲的声音朗诵着海子的诗歌：

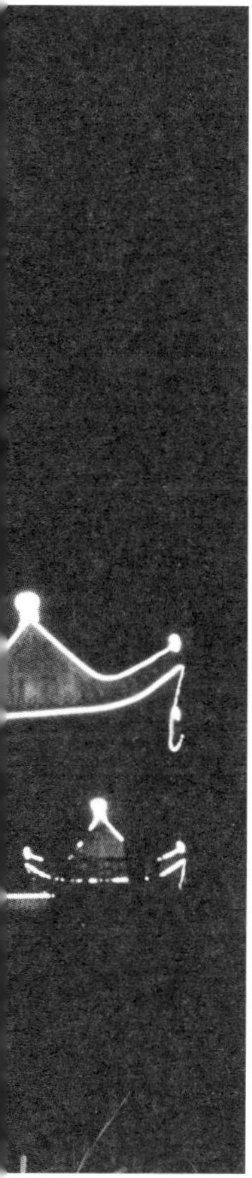

姐姐，今夜我在德令哈，夜色笼罩
姐姐，今夜我只有戈壁

草原尽头我两手空空
悲痛时握不住一颗泪滴
姐姐，今夜我在德令哈
这是雨水中一座荒凉的城

除了那些路过的和居住的
德令哈……今夜
这是惟一的，最后的，抒情
这是惟一的，最后的，草原

我把石头还给石头
让胜利的胜利
今夜青稞只属于她自己
一切都在生长
今夜我只有美丽的戈壁空空
姐姐，今夜我不关心人类，我只想你

这便是海子为这座城市，也为他自己，更为他心爱的姐姐写下的一首短诗。诗的标题是《日记》，诗的后记标注为：1988 年 7 月 25 日火车经德令哈。

谢冕教授在《今夜，我在德令哈》一文中写道，海子写“这是雨水中一座荒凉的城”。其实，这座城未必荒凉，荒凉的是他的心。在座的燎原先生应该清楚，海子写这首诗的时候，应该是 1988 年的现在这个时候，如果我的记忆没有错的话，那一年，他也许是从德令哈一路走到格尔木，再从格尔木翻越唐古拉山到了拉萨。或者说，他从格尔木先到拉萨，在格尔木通往德令哈的列车上，认识了这座当时并不知名的城市。当年的海子，满眼都是戈壁，满眼都是荒凉。

谢冕教授说，1988 年，海子到达拉萨的时候，我也在拉萨。我们在布达拉宫广场前的一座房屋里见过面，那是我和海子的最后一次见面。以后，便是令人伤心的 1989 年 3 月 26 日（海子山海关罹难之日）……

中国当代著名诗歌批评家、诗人燎原先生也证实，其实我在《海子评传》中已经谈到过这件事，1988 年 7 月 20 号前后，当时在《西宁晚报》任职的我接到朋友的一个电话，说是海子等几位北京的诗人来了，邀我一起去聚一聚。并告诉我，他们此行的目的地是西藏，因海子一个北京同事的家在德令哈，这位同事已经告知家人接待一下，所以他们将在德令哈待几天后再去拉萨。根据我此后依据相关资料的研究表明，这位同事是一位女性，而且是一位与海子感情关系密切的姐姐式的人物。而海子的《日记》一诗是 7 月 25 号前后在德令哈写的，应该是在姐姐的故乡之夜中想念姐姐……

从此，西部边城德令哈便与天才诗人海子发生了生命中不可分割的渊源。中国当代著名诗人吉狄马加曾经这样评价：这样一首中国当代诗歌史上非常有影响的诗歌、也可以说是中国当代诗歌的经典，从这次纪念活动中就可以看出他的那种诗歌的价值。

他的这首比青铜的生命还要长久的诗歌，竟然与德令哈结缘。这不是偶然，而是必然。更令人感到无比欣慰，同时也让整个诗坛钦佩和敬仰的是，一个诗人为德令哈留下了一首诗，而德令哈却为一个诗人安顿了一个灵魂栖息的家园。

尽管海子在诗歌《日记》中把它描写为“这是雨水中一座荒凉的城”，但这座雨水中荒凉的城却为他修建了一座吟游诗人的驿站，诗歌栖居的圣地——海子诗歌纪念馆。

单从这一点就能反映出这座城市具有的广博胸襟，而同时也彰显出这座城市富有诗意的人文情怀。

海子诗歌纪念馆坐落于德令哈市巴音河西岸，是一座朝迎东方丽日，暮送夕阳晚霞，轻弹清波琴韵，掩映绿树芳草中的古典庭院式建筑。它由两个部分组成，一部分是海子诗歌陈列馆，另一部分是海子诗歌碑林，占地约1300平方米，建筑面积800多平方米，于2012年5月建成。

2012年7月，国内著名诗人、诗歌评论家、诗刊主编、海子诗歌研究者，以及有关嘉宾110多人应邀来到德令哈，云集巴音河畔，参加海子诗歌陈列馆开馆仪式及中国（青海·德令哈）首届海子青年诗歌节。

此后，分别于2014年7月，2016年7月又成功地举办了第二届、第三届海子青年诗歌节。至此，每两年举办一次的海子诗歌节，已经成为德令哈，乃至中国西部的一个文化品牌，一张诗歌名片。正如著名诗人叶延滨所言：“德令哈这样一座偏远的小城，海子诗歌中一座荒凉的小城，今天由于海子的一首诗进入了当代人的视野，甚至可以说是进入了文学史……”

时光之河流进了又一个七月，那么，在七月这个曾经属于诗人海子的季节，就让我们踏着干净整洁的滨河大道，沐浴着被树木染绿的晨风，沿着巴音河西岸那道汉白玉栏杆，走进海子诗歌陈列馆看一看、听一听他那已经变成了乐谱的诗歌经典，以及众人咏唱的声浪吧！

这时，早晨的阳光普照大地，普照着波光粼粼的巴音河，也将坐西朝东、古色古香、高贵典雅的海子诗歌陈列馆照耀得金碧辉煌。走进陈列馆，你就能看到海子那幅悬挂在正厅中央的遗像——那张充满朝气的脸上，流溢着阳光般灿烂的笑容，透露出一个纯情少年的天真烂漫，一种喜悦却又隐含一丝犹豫的眼神，仿佛让他看到了自己的愿望已经变成了现实，那就是“我有一所房子，面朝大海，春暖花开”……

而今，这所他期待已久的房子虽然没有面朝大海，却也面向大河，已然春暖花开。此刻，一缕阳光正好透过窗棂敷设在他脸上，我恍然觉得，这是天堂里的海子所露出的欣喜又激动的笑容。难道不是吗？且看布满厅堂四周的展柜里，收藏着30余种各类版本的海子诗集，友人的纪念文章和诗界的研究文献。陈列馆的北厅为民族工艺品展厅，出售书刊、书法、绘画、根雕、木刻、刺绣以及精美绝伦的昆仑玉饰品。南厅是典雅的茶艺，是海子诗歌爱好者和文学青年品茗论诗，相互交流，研讨作品，朗诵诗歌，演唱歌曲，展示才艺的欢聚场所。

陈列馆的东南边是海子诗歌碑林区，绿树掩映的草坪上竖立着约60块造型各异、大小不等、色彩纷呈的高原奇石，每块奇石临河朝东的一面，全都打磨得平滑如镜，镌刻着海子的诗作以及其他著名诗人怀念海子的诗歌或美文。在一座座碑刻之间，有一条曲折的石径相连，以便人们驻足观赏。碑林的中心地带，则是一尊雕刻着海子头像的重达5吨的昆仑青玉。雕像手法明快，线条简洁，颇有写意之感，既显示出诗人高深莫测的哲人气质，又彰显出诗人倔强张扬的桀骜性格，堪称雕刻精品之作。

这时，徐徐晨风摇动着雕像两侧的青杨绿柳，将斑驳的阳光婆娑于那块巨大的昆仑青玉上，仿佛一群颤动着金黄色翅膀的彩蝶正在为他舞蹈。而他眺望的远方，则是一片油菜花竞相盛开或怒放的花海。静静流淌的巴音河犹如一条蓝色的哈达，款款地搭在他的胸前，一直飘荡到他的目光无法企及的地方。当我离开海子雕像，走出碑林的时候，我看到几位年轻的父母，带着他们的孩子与我擦肩而过，几个孩童百灵鸟一样曾经追逐嬉闹的笑声，顿时在那座雕像前变得鸦雀无声，即便是明媚的阳光也无法驱除这短暂的沉默……

这是怎样的一幅图景，又是怎样的一种氛围啊？我想，如果说对诗歌的热爱，对诗人的敬重，可以表现出这个城市的人民那种高尚的精神情怀，能够反映这个城市的文明程度的话，那么，德令哈就是这样一座尊重诗人，更热爱诗歌的城市。许多人通过这座城市知道了海子，爱上了诗歌。许多人通过海子知道了德令哈，爱上了这座城市。

德令哈，那一夜你只让一个人为另一个人而思念。

但今天，你却让无数人为你而思念，因为你是一个令人向往，充满诗歌意蕴，被阳光淋漓尽染的金色世界……

第三辑　古往与今来
交汇的世纪美谈

地名：记住乡愁的文化载体

如果说乡愁是那馥郁绵厚的马奶酒，
那么，地名就是这盛满美酒的银碗；
如果说乡愁是一首情深意长的恋曲，
那么，地名就是这敞开门扉的毡包……

众所周知，在以往漫长的岁月里，德令哈始终是青海蒙古29旗之柯鲁克旗的驻牧地。所以，这里的所有地名、山名、河名、湖名……都与他们诗意的禀赋、浪漫的气质、刚毅的个性、自然的感悟和生活的态度密切相关。

这些富有诗情画意的地名，是他们镌刻在苍茫大地的诗词歌赋。这些蕴含文化积淀的地名，是他们吟诵给长生天的声声颂词。你如若想了解德令哈，游览德令哈的神山圣水，不妨就先从德令哈的地名开始介入吧！

是的，但凡游览一个地方，必须先从那个地方与之相关的

地名开始，这似乎更符合一个旅行者的初衷和愿望。因为对于一个理性的旅行者来说，地名不仅仅是一个简单的符号，一抹逐渐淡忘的风景，而是具有一定的人文内涵，能够传承地域历史文化的有效载体。她是历史的记忆。她是文化的化石。一部多民族发展、融合的历史，就珍藏在这些看似普通的地名当中。仅从德令哈这些常用的地名来做一次粗略的例释，就足以折射出它们那诗情画意的无穷魅力。

那么现在，谨允许我这个土生土长的德令哈人，为你充当一次免费导游吧，咱们就从德令哈这些地名开始。

金色的世界——德令哈

德令哈是蒙古语“金色的世界”之意。在蒙古语里“德令哈”的全称叫“阿力腾德令哈”。“阿力腾”是“金色”之意。“德令哈”是“世界或原野”之意。现在，无论是行文，还是语言，人们早已习惯地称之为“德令哈”，把修辞语“阿力腾”给省略掉了。但在蒙古语里仍然统称为“阿力腾德令哈”。

富饶的河——巴音河

巴音河是蒙汉双语合璧的地名。蒙古语叫“巴音郭勒”，“巴音”是“富饶”的意思，“郭勒”是“河流”的意思。现已习惯称之为“巴音河”。

水草茂密的湖——柯鲁克湖

柯鲁克湖也是蒙汉双语合璧的地名。蒙古语叫作“库尔鲁克诺尔”，意思是“水草茂密的湖”。“库尔鲁（格）克”一词来自于蒙古语，原意是“有皑皑积雪，从丛茇茇草的地方”。“库尔鲁克”是原青海蒙古29旗之一的柯鲁克旗的旗名，又是“柯鲁克湖”的湖名，也是现在的“柯鲁克镇”的镇名和“柯鲁克诺尔村”的村名。在蒙古语里，这四个名称均称为“库尔鲁格”（kurluge）。现在习惯音译成不同的写法。如“可鲁克”（一般指湖的写法）、“柯鲁克”（一般指旧旗和部落的写法）、“柯鲁柯”（指镇名的写法），还有“可鲁克”（指村名的写法）。虽然已习惯成不同的音译写法，显得有点零乱，但在蒙古语里的写法和读法完全是一个字、一个音。那么不难理解，其实“库尔鲁克”“克鲁克”“柯鲁克”“柯鲁柯”“可鲁克”的语意是一致的，均来自于“有皑皑积雪、丛丛芨芨草的库尔鲁格”（kurcasilaogetersitaikurluoge）的蒙古语意境中，现在习惯地翻译成“水草茂密的地方”也没有什么不妥。

酥油般的湖——托素湖

托素湖，蒙古语标准读音为“托孙诺尔”（tuosunnuori），现在习惯音译成“托素湖”。“托素”在蒙古语里是“酥油”（taosi）之意。那么，为何把这个湖叫作“托素湖”呢？传说这是个圣湖，它与柯鲁克巴音查干敖包隔水相望地守候着金色世界德令哈，故而当地百姓称它为“酥油般滋润”的“托素”湖。据说，当每一年春季来临，大地复苏，度过漫长冬季的牛羊可以尽情享受嫩草美餐的时候，牧民们也就开始了挤奶、打酥油、制作奶食品的辛勤而愉悦的劳作。他们在打出第一桶酥油之前，大都会专门去一趟托素湖进行朝觐，捡一些在湖水里浸泡多年的油润光滑的石子儿，或采集一些经潮汐长年累月地拍打而凝结在岸边的盐垢，然后把这些从圣湖请来的尤物放进打酥油的奶桶里，虔诚地口念六字箴言，手握木柄上下捣动。这样打出来的酥油又多又纯，色泽鲜润，口感香甜，堪称美味佳肴。并且预示着他们这一年能够风调雨顺，牛羊肥壮，奶食丰收，故此，便把此湖命名为“酥油湖”——“托素”湖。

哈日诺尔——黑海或哈拉湖

哈拉湖位于德令哈市西北部祁连山脉南麓，是青海高原仅次于青海湖的第二大咸水湖。“哈拉湖”也是蒙汉双语的合璧词汇，蒙古语正宗称法为“哈日诺尔”（haernuoer）,现习惯音译为“哈拉湖”，也意译称之为“黑海”。蒙古语“哈日诺尔”的意思是“黑色的湖”。原住在此的土著居民称它为“伊克哈日诺尔”，“伊克”是“大”的意思。称现在的尕海湖为“巴嘎哈日诺尔”，“巴嘎”是“小”的意思。哈拉湖和尕海湖，在蒙古语里仍然叫“伊克哈日诺尔”和“巴嘎哈日诺尔”。这两个湖的湖水均为深蓝，远处看略显黑色，故称“哈日诺尔”。现在习惯音译成“哈拉湖”和意译成“尕海”。在蒙语里，深蓝、深绿色为“哈日呼和”“哈日诺干”，故而大小“哈拉湖”

就是现在已经约定成俗的叫法，即哈拉湖和尕海。

北边种青稞的地方——怀头他拉

怀头他拉系蒙古语，意为“北边种青稞的地方”。“怀头”(huete)为“北边”之意，“他拉”（tara）为“青稞”之意。为何将此地称之为“怀头他拉”呢？据老人们回忆，很早以前在德令哈地区种庄稼的地方只有现在的怀头他拉。那里曾经是柯鲁克旗王爷组织百姓最早开垦种植青稞的地方。所以，以柯鲁克湖为中心，湖的北边叫“怀头他拉”，意为“湖的北边有种青稞的地方”。故而，此地被命名为“怀头他拉”。新中国成立前，是柯鲁克旗的九个陶海之一的怀头他拉陶海，现为德令哈市怀头他拉镇。

北边的山——宗务隆

宗务隆系蒙古语，意思是“北边的山”，指德令哈市北边的祁连山分支山脉。其中囊括陶斯图、察汗乌苏、柏树山、乌察汗等地，均属于宗务隆山系。“柏树山”是新中国成立之后起用的新地名，因山中长有千百年的祁连圆柏而得名。现在，柏树山几乎替代了此地的另一个地名——白水河（察汗乌苏河），也在某种场合成为了宗务隆的代名词。宗务隆除了拥有自然山脉的属性外，还曾经有一个社会一级组织机构的属性，那就是德令哈市宗务隆乡。然而，宗务隆乡在经历了乌兰县宗务隆公社、

德令哈市宗务隆乡，后撤乡并入蓄集乡的变革之后，便结束了它社会属性的使命，而独有纯粹的自然属性了。

大后方——伊克拉

整个宗务隆山脉的背面至哈拉湖周边的高海拔地区，蒙古人总称为“伊克阿尔”(yikear)，意为“大后方”，主要指宗务隆山脉的阴面，或以此往北的高海拔旷野地区，汉语简称为“伊克拉”，也是蓄集乡一个牧业村的村名。

酥油般的地方——陶斯图

位于德令哈市以西北方向，柏树山以西的伊克达坂（瓦），称为陶斯图(taositu)。蒙古语意为“酥油般的地方”。传说，

这里曾经是水草茂密，牛羊肥壮，一年四季从没有发生过天灾人祸的好地方。这里的母羊一年产两次羊羔，而且羊奶充裕，当地牧民一年四季都在挤奶打酥油，生活富裕得远近闻名。故此被命名为“酥油般的地方”——陶斯图。

产奶的地方——蓄集

位于德令哈市以东，是德令哈市的四个乡镇之一，又是德令哈市唯一的纯牧业蒙古族乡。“蓄集”（suji）系蒙古语，意为“产奶多的地方”。传说在蓄集乡北山有一个地方叫“蓄集”，那里特别适合放牧山羊。很早以前，当地牧民一到春暖花开的季节，就会争先恐后地搬迁到那个名叫“蓄集”的夏窝子，因为谁家抢占了先机，谁家就能有好的收成，不仅产的羔羊多，挤的鲜奶多，而且制作的奶食品最丰盛。因此那个地方便被当地牧民称赞为“蓄集”，意思是“产奶多的福地”。

富饶的山——巴音乌拉（山）

这座位于尕海湖南边，旺尕秀以西，东西方向绵延几十公里的山名叫“巴音乌拉”。传说中柯鲁克王爷每年组织百姓祭祀神山圣水之际，都会用五彩金丝线（带）缠绕巴音乌拉（山）一圈，祈求风调雨顺，牲畜兴旺，百姓安康。故名“巴音乌拉”，意为“富饶的山”。

福气的山——布怡泰恩乌拉（山）

这座位于怀头他拉镇西南方向，绵延几十公里的粉红色大山，蒙古语叫“布怡泰恩乌拉”，意为“福气的山”。“布怡泰恩”为“福气”之意，“乌拉”为“山”之意。它与托素湖、

柯鲁克湖隔水相望巴音乌拉山，不仅状似德令哈盆地的彩釉盆沿，更为德令哈宝盆增添了独特浓厚的人文景色。也有人形容说，“福气的山”——布怡泰恩乌拉（山）是金色世界德令哈的“枕头”。

富饶的白色敖包——巴音查干敖包

位于托素湖北畔，德令哈地区最大的敖包。“巴音查干敖包”系蒙古语，意为“富饶的白色敖包”。

呼德查柯鲁德格——马兰滩

位于德令哈市戈壁草原东部。马兰滩是蒙古语“呼德查柯鲁德格”（hudechakeledege）的意译地名，是德令哈戈壁草原最美的地方。尤其是每年春夏之际，放眼几十平方公里，一朵朵盛开的马兰花簇拥在一起，锦缎般铺展到草原的尽头。在这片巴音河清净缠绕，远处沙梁柔情环抱，开满马兰花的草原上，你会在马驹打着响鼻撒欢奔跑的情景中，看到那种久违的童趣。而那羊群犹如白云飘落的景致，又会让你领略到难得的静谧。你会在悠扬的草原牧歌中，感受到毡包的温馨。而那绵柔醇厚、四溢飘香的马奶酒，又会令你体味到草原的深情。即便是吸一口芳馨的空气，也会使你有一种荡气回肠、神清气爽、如入仙境般的陶醉。这就是景色优美，辽阔壮观，叫人着迷得几近窒息的原生态草原——马兰滩，德令哈又一个体验草原生活的旅游休闲胜地。

在蒙古语里“呼德”是“宽阔”之意，“查柯鲁德格”是“马兰花”之意，合起来就是“宽阔的马兰花草地”。因这里地势平坦开阔，故名为“呼德查柯鲁德格”——马兰滩。“马兰滩”是近几年才出现的新名词，当地百姓仍然称之为“呼德查柯鲁德格”。

…………

现在，我可以毫不夸张，同时也深感自豪地对你说，德令哈的每一座山，每一条河，甚至每一棵树，每一株草都有一个让人温暖到心坎里的美名。记得有位哲人说过，美时刻存在，只是我们缺少一双发现的眼睛。是的，尽管它们微不足道，但却隐含或依连着一种诗情画意的意境，一个美丽动人的传说。正是因为有了这些大大小小的地名所浇筑、所凝固的坚实基础，才支撑起了金色世界的庞大骨架，构筑了德令哈这座穿越时空的时代大厦。

地名是个文化的宝库。仅对这些地名略作探究，就能折射出它无限的人文光芒。这些具有富饶、吉祥、安康、美丽等寓意的词汇，附着于这些地名身上之后，形而上的虚无就变成了形而下的真实，优美的词汇也就有了逼真的灵魂。

所以我想说，一个地名便是一根耸立的文化标杆，无数个地名的际会便是一片茂密的文化森林，是它们承载着这片旷世原野的前世今生，也见证了金色世界的演变历程。这就是金色世界德令哈诗情画意的地名文化的魅力！

怀头他拉岩画：刻在石头上的历史

岩画，被誉为是描绘在岩石上的史书。

地处苍茫山野的怀头他拉岩画亦如此。

怀头他拉岩画，位于德令哈市怀头他拉镇西北约40公里处的哈其切布切和巴尕沙，是德令哈地区迄今发现最早、岩画最集中的两个地方。

巴尕沙，蒙古语的意思是小片沙滩，大致位置在柯鲁克湖西岸的北山深处。这是夏天还没有尽情展示风采，九月便急于登台渲染的季节——因为，315国道两旁的防风林带已经被及早赶来的秋霜染黄了。我们拐下国道的时候，八九点钟的太阳明媚却不焦灼，晴空碧蓝如洗，远山有几朵悠然浮动的白云，寂静得恍若梦境。

进山的简易便道起先较为平坦，地势广袤，视野开阔，且有一片沙滩平铺至远方，巴尕沙由此得名。

据考古发现证明，早在三万多年前，人类的足迹就已踏进

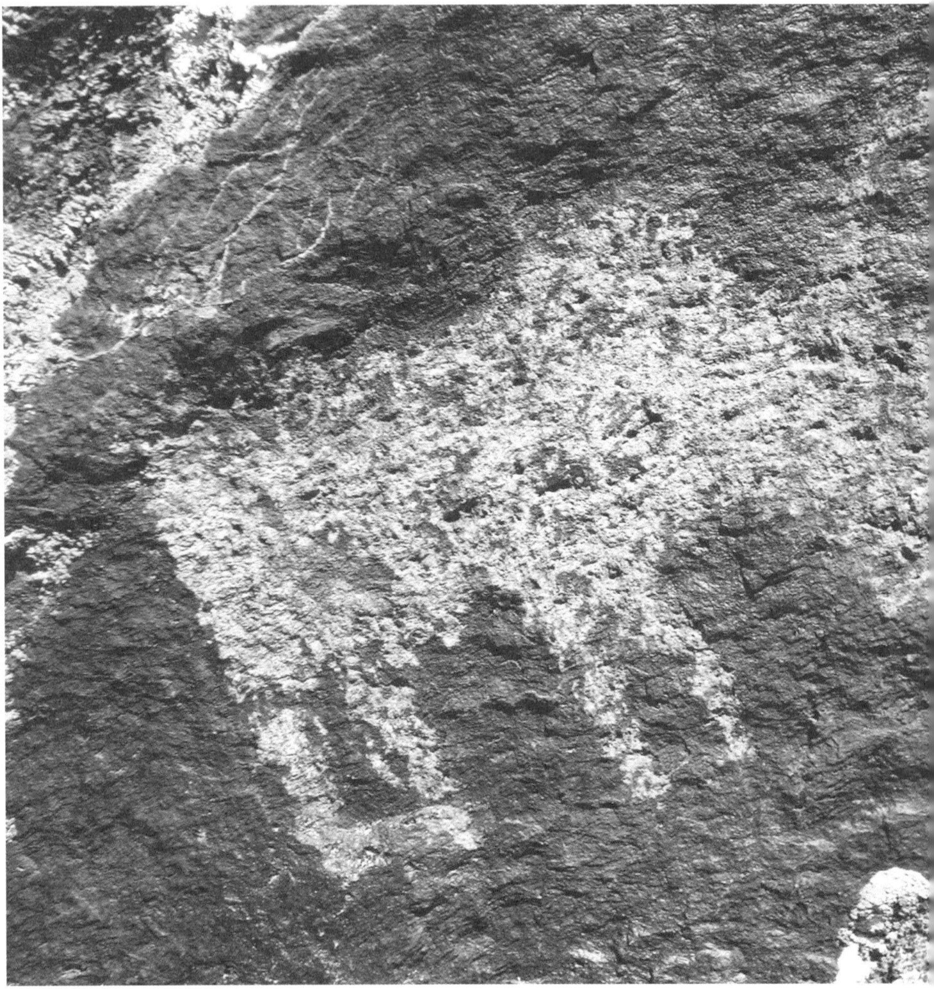

了柴达木。到了 2800 年前的西周，柴达木盆地就已经初现了繁荣，成为古老的西羌民族驻牧的乐土。此后，在漫长的历史进程中，西羌迁移，吐谷浑入居，吐蕃逐水草而牧，蒙古族走马而治，使柴达木成为多种文化交汇的地方。而岩画，就是他们散落在悬崖峭壁和荒草之间的文化遗迹之一。

这片神秘遥远的土地，自古以来就是游牧民族活动的历史舞台。广泛分布于盆地四周山地的岩画，生动地反映了游牧民族当时的生活图景，他们以石器作为工具，用粗犷、古朴、自然的石刻方法来描绘、记录他们的生产方式和生活内容，从而为古老的柴达木创造了独特的石刻文化。

毫无疑问，德令哈怀头他拉岩画便是柴达木岩画的重要组成部分。德令哈的怀头他拉岩画虽然被人们早已发现，但对其研究和挖掘还远远不够，因而它还是一块被蒙着神秘面纱的处女地。德令哈怀头他拉岩画一个在巴尕沙，一个在哈其切布切，这两处岩画均处于怀头他拉西北方向的大山深处，尽管相隔不远，但却非常隐秘，除非长期在此游牧的牧民当向导，否则难觅其踪迹。过去，只有驭驼骑马在向导的引领下方能抵达，而今有了车行的便道，即便是再艰难漫长，也比从前寻访它容易得多。

两辆结伴而行的越野车在巴尕沙荒原扯起两道沙尘，为这片除了稀疏的耐寒耐旱的沙漠植物，似乎没有任何生命迹象的荒原平添了一抹生命的气息。然而，生命无处不在。就在我们刚进山谷伊始，一只肥硕的野兔便被汽车的轰鸣声赶出了草丛，它惊恐不安地左蹦右跳，慌不择路地瞎跑乱窜。而恰在此时，一只早已在天空盘旋了许久的苍鹰，忽然发现了掠食的目标，便以闪电般的疾速俯冲下来。然而，那只生性机警的野兔也不是等闲之辈，它敏捷地躲过天敌的利爪，迅疾地窜进了沟壑中的灌丛……

我们在那只无果而返的苍鹰再次腾空高飞，继续盘旋蓝天，

在空中搜寻掠食目标的时候进入了山野。进入山野以后，地形开始变得复杂起来，一座座寸草不生的山峰极其相似，一道道或干涸已久，或细流见底的河床似乎一个模样，一个个干燥的小盆地在此起彼伏的土丘间接连不断。两辆越野性能极强的越野车，忽而在山脊上颠簸，忽而在深沟里潜行，忽而又沿着河床的岸畔移动。经过数小时的奔波，终于在日悬中天的时候抵达了巴尕沙岩画所处的河岸。

巴尕沙岩画分布很散乱，沿着河床边，尽是嶙峋的怪石，一直到山跟前，岩画便刻画在一些大石头上。一块石头上少则一二幅，多则十几幅，稀稀拉拉地分布了几公里。巴尕沙岩画不同于宗教图画，也不是先民们浪漫的想象，而是一幅幅充满了生活气息的生动写照。确切地说，是当时游牧生活的场景再现。岩画共有 20 多组，一百余幅画面，二百多个独体形象，大致可以分为人物、鸟兽、器皿之类。岩画线条简练，形状独特，几乎可以说是写生简笔画。岩画中最多的是马、鹿、骆驼、狼、大头盘羊等，足以反映出当时人们对这些动物的熟知情况。其中有一人立于马背上远眺，更说明牧民驯养马匹的技巧已经相当娴熟。这些栩栩如生的岩画，让我忽然想起了儿时放羊的时候，也喜欢在山坡、河滩、荒野的石头上刻画各种各样图案的情景，其中不乏刻画自己最熟知的牛羊，当然那只是为了消磨时光画着玩玩而已。尤其是撒开羊群，放任自流之后，我也曾担心羊群跑散而站立在驯服的马背上，远眺羊群分散吃草情况。

我凝望着这些因岁月风尘而模糊陈旧的岩画，不禁感慨万千。我想，凡是游牧于柴达木的民族，不论西羌、吐谷浑，

还是吐蕃、蒙古族，都曾在广阔的草原上留下了逐水草而牧的足印。他们用灵巧的双手，简单的工具，在岩石上雕刻下了各种各样的图画，记录和记载着他们当时的生产生活图景，成为我们探寻先辈们生命的足迹，溯源民族历史不可或缺、弥足珍贵的文化遗产。

从此，我记住了这个名叫巴尕沙的地方，奇特的地形地貌正如蒙古语形容比喻的那样——小块沙滩。是的，这里到处散落着一块块奇形怪状的小沙片，并且在正午的阳光下闪烁着奇异的光彩，在沙片簇拥的石头上密布着群星般璀璨的一幅幅岩画。那么，这一朵朵凝结在岩石上的花朵始于何年呢？带着这个疑问，我们离开了巴尕沙，然后又驱车来到了奇石拍空，乱云横渡的哈其切布切。

“哈其切布切”系蒙古语，一说为“刀枪”之意，另一说为“瞄准了就打”之意。据说有人曾在山沟里发现过大量的骸骨和一些枪弹碎片，足以说明这里曾发生过战争。战争如过眼云烟，已经没有人能够说清楚它的来龙去脉。哈其切布切山沟里多有颜色各异，形状奇特怪异的巨石，岩画就集中在一块重约三吨的大石头上，其朝南的阳面光滑平整，很适合雕刻。在这块峭立于我们面前的巨石上，整个石面密密麻麻地刻满了图案，约有一百多幅，其中马、牛、羊、鹿、骆驼等动物较多，人物则稀少。在石头左上方，画有一幅男女交媾图，图画上的人体比例还算合理，但男女生殖器却被夸张扩大，大约是想表达当时人们的生殖崇拜和对繁衍后代的一种迫切心情吧。

岩画是游牧民族历史的记事台。经专家学者反复考察后初步测定，这些岩画的创作时间大约是在六到七世纪，即南北朝后期和隋唐时代。岩画制作技法精致，绘制风格独特，表现内容广泛，包括动物、人物、狩猎、放牧、植物、舞蹈以及性爱等方面的内容。

画面上的动物神态灵活，生动逼真，有飞禽，有走兽，更多的是马牛羊等家畜。有的慢慢游弋草原，有的垂首食草，有的母子欢跑逗趣，有的交颈相吻，活脱脱一幅草原百兽图。

射猎图栩栩如生，活灵活现地刻画了古代先民的狩猎生活。岩画猎图，打制精细，形象逼真，引人入胜。广阔的草原上，三马驾套，急驰如飞，威武的猎人稳稳地伫立车上，引弓如满月，飞矢射向身后的野牛，箭镞飞行的弧线隐约可见。惊险的动物对峙，熟练的猎射技术跃然画上。

怀头他拉岩画不仅具有很高的艺术价值，更具有极高的学术意义，它弥补了游牧民族居无定所而造成的文物、文献、史料不足的缺憾，不仅丰富了柴达木文化宝库，也为我们留下了一道灿烂辉煌的艺术画廊。

怀头他拉岩画是德令哈这块金色土地永恒的文化记忆。若要了解德令哈的历史文化，那么，就从岩画开始吧……

贝壳化石山：古海凝固的惊涛

石头是大山的骨骼，大山是石头的家园。因为高寒，更因为旱魃，柴达木的山很少有鲜花碧草的植被护肤，更少有夏遮骄阳，冬御冰雪的乔木灌丛做衣衫（柏树山除外）。观山形，大都是峰峦峭石嶙峋，高峻超拔。看体色，大都是泛着铁青或锈红、犹如钢铁淬火的色泽。尤其是向阳的一面，那些裸露在烈日之下，任凭千万年雪雨风霜的侵蚀，飞沙走石的击打，也不曾坍塌风化的块块磐石，愈发显得凛然峥嵘，铁骨铮铮，进而衬托出西部大山的荒芜和苍劲。

荒芜和苍劲来自远古的海洋，来自遥远的喜马拉雅造山运动。比如说在德令哈市西北隅的雅沙图，这个曾经在 20 世纪 80 年代初，因三位来自湟水谷地的金农，采掘到一块重达七斤一两的特大金块而充满了传奇色彩。据说这块长 14.5 厘米、宽 9 厘米、厚 6 厘米，色泽金黄、光彩夺目、形态神似拱手状的天然黄金，堪称当时的世界之最。

而我现在要给你讲述的是另一个传奇故事。德令哈雅沙图的贝壳化石山。贝壳化石山？你是不是觉得很新奇？没错，当时我也感到不可思议。然而，当我从老朋友杨先生的口中得到证实以后，便被这前所未闻的奇事儿折磨得坐卧不宁，寝室难眠。一种难以抑制的好奇心，促使我死缠硬磨地拽上杨先生一同前

往。因为他曾经陪同中央电视台的一个摄制组去过那个地方。

记得那是初秋一个天晴日朗的周末，我们在杨先生的引导下分乘两辆越野车从德令哈出发了。沿着堪比高速公路的315国道一路西行，经过怀头他拉镇大约10公里左右的时候，司机根据他的示意右转方向，拐下国道开始向北面的雅沙图进发。这时，待我一向亲如兄弟的杨先生对我说，我这是第二次进雅沙图，要是找不到贝壳化石山，你可别怪我呵！

我急忙掏出一支烟，给坐在副驾驶位置上的老朋友点上。我说：杨哥，你千万别有顾虑，即便是找不到我也不会怪你，人的记忆又不是电脑，储存了就不会消失，何况你这是第二次。比如像我这样方向感极差的人，就是来过十次八次也未必能记住，很可能还会引人误入歧途。因为我就经常认不清回家的路，也找不到自己的家门。

这时，车内突然爆发出一阵由杨先生引发的不失爽朗的大笑。他在笑声尚未消尽的时候回过头对我说，那是你喝醉了。不光是你，天下所有喝酒的男人都有过这种经历。

两辆在荒原上扯起一道道滚滚黄尘的越野车，在杨先生的指引下穿过长有骆驼刺、芨芨草、梭梭树的戈壁滩之后，在一道山梁前示意停车。

这时我才发现，是这道山梁挡住了我们的去路，远望山峦连绵，根本无路可行。近看河床纵横，多项选择全凭记忆。因为进山的便道极为隐蔽，多由七拐八折的河床所辟，而因夏季山洪冲刷出的河床总是一年一个模样。

事过境迁之后，我对杨先生果断的选择崇拜得五体投地。因为他面对浅流的枯水，横卧的巨石，裸露的河床，指着一块野牛般巨大的青石说：看来我的记忆没错，十年前它就立在那儿，十年后它依然站在那儿，咱们就绕过它沿着这条干涸的河床逆势而上，就能看到那座贝壳化石山了。

进入雅沙图山谷之后，一幅别有洞天的景致呈现在我的眼前。河床两侧山势陡峭，怪石嶙峋，犬牙交错，造型奇特，有的形似蓄势待发的雪豹，有的神似苦思冥想的大象，有的状如冬眠初醒的狗熊，大大小小蜂巢状的石坑、石窝、石窑、石洞和布满铁锈色的石壁，尤其是在阳光照射不到的阴影里，愈发显得神秘莫测，阴森恐怖。杨先生说，当地牧民把这条山沟称作“艾格阿门”，意思是奇怪险恶的要塞。

穿过狭长险要的艾格阿门之后，杨先生说，我们的目的地到了。这个地方叫巴音格勒茶义格山。巴音格勒的蒙古意思是富饶的河，茶义格的意思是有鸟的山。

听完杨先生的介绍后，我说道，行啊！杨哥，你蒙语水平不错嘛！是个很棒的好向导。

巴音格勒茶义格山位于宗务隆山脉西北角，海拔约5000米，山势高峻雄奇，巍峨挺拔，仿佛一艘在缥缈的云雾中若隐若现、正在航行于汪洋大海的巨轮。即便是在赤日炎炎的夏天，山巅

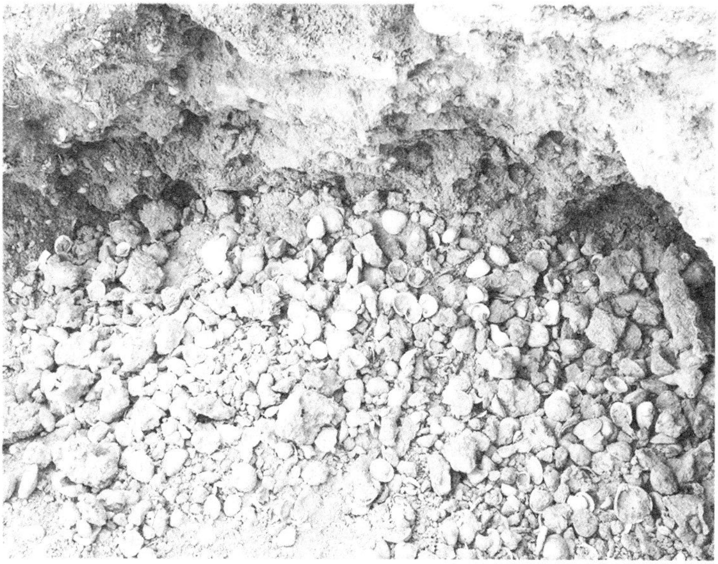

的皑皑白雪依然犹如高挂的云帆。而此时，它就漂浮在我眼前的云海间。

这时，我才发现，自下车伊始，我的双脚便踏上了千万年前的海床，因为从山根到山坡再到山脊，一路上都是大大小小，形状迥异，色差相近的贝壳化石。我在杨先生的带领下气喘吁吁地爬上一道道山梁，令我惊诧不已的是，整座山都是贝壳化石。过后我想，人们没有杜撰，称它为贝壳化石山一点也不过分，可谓是名不虚传，货真价实。

就在我弓腰塌背，低头冥想的时候，杨先生胸前挂着相机，肩上挎着摄影包，一手提着三脚架，一手拿着一块贝壳化石走到了我的面前。他说，如果只顾走路，不仔细观看，脚下就是一块平平常常的砾石。但你如果伸手拾起来一块仔细端详，你

就会惊奇地发现，在这座山上，所有的石板、石块、石片、哪怕是一粒石子，都是由贝壳瞬间凝固而成的。你看，这块刚刚被我敲碎的石头，是不是一只完整的贝壳？

我顺着阳光凝视，又逆着阳光辨别，果然是一只完整的贝壳。它两瓣合盖的扇形纹理清晰可见。这时，我被汗水打湿的眼镜，忽然被头顶的骄阳幻化出一幅幅令我惊心动魄的壮景：板块碰撞，山呼海啸，山升陆沉，海走林逝……转瞬之间，无数的海洋生物便随着喷薄于海底的火山熔岩凝固在迅速隆起的青藏高原上。

这时，具有诗人气质的杨先生不无感慨地对我说，在喜马拉雅造山运动之前，柴达木曾经是提特里斯海的核心海域，由于印度板块和欧亚板块的剧烈碰撞才挤压成了今天这样干旱少雨，风沙肆意的高拔陆地。他举着手中的贝壳化石继续感叹道，按理说，这些海洋生物都应该随波逐流远走他乡，起码也应该在一汪汪残存于低洼处的湖泊中生存或死亡，但为何都搁浅在了荒寂的高山呢？

在我的思维因高山反应，加之一路颠簸，而后又胸闷气短，两腿发软的攀爬中变得几乎停滞时，脸颊泛红，嘴唇发紫的杨兄却道出了他想象的经典。他说，唯一能够解释这个现象的是地壳运动太突然，板块碰撞太猛烈，致使海底世界产生了柔水化钢铁的裂变，所有的海洋生物都在美梦之中被冲天的狂潮抛出海面，与凝固的岩浆融为一体，铸就了这座贝壳堆垒的大山。

然而，故事远没有结束，慧眼识宝的杨先生在我们下山的路上又捡到一块类似于金枪鱼的化石。而此刻，面对滑向白雪山巅的斜阳，我仿佛听到了一阵阵由远而近的涛声，似乎还清晰地听到了海浪的诉说，远山还有被我抛弃海滩的蓝鲸，被我斩断翅膀的鲣鸟，被我放生陆地的海象……

德令哈，昨天，你是柴达木古海一湾躁动的海面。

德令哈，今天，你是柴达木瀚海一个温馨的港湾。

雅丹：千万年的等待，只为你到来

——德令哈雅丹及梭梭林

把粗粝的风还给戈壁

把柔情的雨还给雅丹

——陈劲松

在我因职业所致，经常行走于柴达木的年月里，对于雅丹地貌这种奇异诡谲的自然景观可谓是再熟悉不过了。无论他人发出过怎样的喟叹，也不论谁人留下过优美的诗文，就我耳闻目睹，亲身体验所获得的感受来说，雅丹，那是一种令我无法言表的洪荒与苍凉的代名词。

在南八仙，我曾经头枕着微微流动的沙浪，眼睛似乎要飞向星空的魔毯般在帆布帐篷一夜未眠。在魔鬼城，我曾经像一个盘腿打坐，双手合十，面对被风沙折磨得疲惫不堪的夕阳而默默祈祷的信徒。在鄂博梁，我曾经与一尊类似于埃及人面狮身的雅丹雕像一起定格在相册里。在我记忆的笔记中，曾经写下过这样的文字：雅丹，你是古海凝固的波浪，你是高原隆起的年轮，旷古的风是你永不停歇的海的涛声……

而德令哈雅丹，却是我从未知晓的一个雅丹部落。于是，我利用在此拍摄纪录片的有利时机，走进了这片鲜为人知的柴达木东部雅丹群落，也看到了一片可以和宗加、巴隆梭梭林相媲美的饮马峡梭梭林。更令我感到欣慰的是，它不仅弥补了我在西部因为数日风沙未能拍摄到的雅丹风貌，更为这部展现柴达木自然风光，反映柴达木人文历史的纪录片，增添了梭梭树活着千年不死，死后千年不倒，倒后千年不朽的珍贵影像。而此刻，骄阳当头，那是一种天空无比湛蓝，没有一朵云遮阴的焦灼与寂寞。面对这些似曾相识的风蚀残丘，我顿时觉得头晕目眩。是的，我被这骄阳烤红的耳郭，忽然涌入了一声来自千万年之前的涛声：

柴达木啊！远古的海洋，近代的湖床，如今的瀚海。是被岁月凝固的惊涛，更是被时光雕刻的塑像……

那么，德令哈的雅丹与南八仙的雅丹有何区别呢？一条简易的砂石便道就能解释这个疑问。

这是一个地处于都兰县之北、乌兰县之西、德令哈之南、大柴旦以东的交叉地带，分布有绿洲、湿地、河流、戈壁等地貌特征的雅丹群落。而南八仙的雅丹何尝有过一片绿叶的亲吻，一滴雨露的滋润，一缕清风的慰藉呢？

南八仙的雅丹，演绎的是一幕“千山鸟飞绝，万径人踪灭”的死亡之地。而德令哈雅丹则是“夕阳无限好，群舟竞风流”的梦幻之乡。

德令哈雅丹是近年来新发现的雅丹地貌群落，虽然没有南八仙、魔鬼城、鄂博梁雅丹地貌那么集中，那么奇绝，但也不失雅丹地貌应有的气势，应有的规模，它是柴达木盆地东部地质多样性集中分布的区域，正在成为很多涉外探险旅游者理想的目的地，环德令哈旅游圈的一个主要节点。

这片原始粗犷的蛮荒之野，以风蚀型和水蚀型雅丹地貌为主，具有下沉式雅丹、水中雅丹、湿地雅丹、沙漠雅丹等多种形态，风格迥异，气象万千，令人叹为观止，激动不已。置身其中，仿佛进入了一个多样性的雅丹地质博物馆。东西方向有 6 处大小不一的下沉式雅丹地貌（两处为风蚀型水上雅丹），6 处沙丘群，8 处植被群。它与没有任何生命迹象的西部雅丹地貌截然不同的是，在这片风蚀残丘起伏绵延，砂石林丛此消彼生的大荒原上，竟然生活着高原兔、黄羊、滩地野驴、狐狸、野鸭、斑头雁等野生动物，以及红沙柳、梭梭林、芦苇、黑枸杞等野生植物植被。不仅如此，境内还蕴藏着丰富的天然碱、芒硝、沙滩玛瑙等矿物质。

千万年的等待，只为你的到来。千奇百怪的雅丹会用清风的絮语，向你讲述一段沧海桑田的故事。虬枝盘绕的梭梭林会用浅绿的针叶，为你彰显一种笑傲风沙，坚韧顽强，烈焰守望的生命境界。

它们是古海远去的见证者。

它们是高原隆起的活化石。

沧海已远去，几度夕阳红

——德令哈的前世今生

遥远、宽阔而又神秘的德令哈，就这样留在我的生命旅程中，像一首诗，打开时，在我眼前；合上了，在我心中……

——叶延滨

在德令哈六月的一个清晨，久违的细雨在黎明将至的时候停了下来。阴沉的天空，幽暗的大地，是从阿力腾德令哈寺敲响晨钟的那一刻初露天光的。伴随着浑厚但不失悠扬，沉闷但富有磁性的钟声，那些黄铜包裹的转经筒，开始在一个个信徒或是僧众的推动下旋转起来，在若明若暗的曙光里吱吱呀呀地苏醒，仿佛一支穿越时空的谣曲回荡在薄云笼罩的晨空。我知道，那是晨风中转动的经筒正在为苍天大地、芸芸众生念诵的祈福的箴言。但我却恍惚觉得，这是一条箴言汇成的金色河流，正从远古的海岸向我涌来……

据考古发掘证实，远在三万年之前，在今天的小柴旦湖畔

就有了人类活动的踪迹，那时的柴达木先民已经跨入了由旧石器向新石器迈进的门槛。除了专家的推论，岩画遗存的记忆，文字描述的神话，一切都依赖于灵感之火照亮的想象。从德令哈出发，沿着堪比高速公路的 315 国道西行百余公里，一泓雪山倒映湖中，湖面清静如镜的湖泊就会呈现在眼前。这就是发掘过人类旧石器和新石器时代的小柴旦湖遗址。可以想象，那时与小柴旦湖山水相连的德令哈，不也是先民们生息繁衍的家

园吗？

我想，那时的德令哈恰逢人类初始的童年，一定是海阔凭鱼跃，天高任鸟飞，青山有林涛，沃野撒牛羊，花海蜂蝶舞，乘舟渔猎欢，刀耕火种忙的婴儿般鲜活生动景象……

往古一跃便是千年万载，西王母以她惊世骇俗的天母形象，日月般俏丽的容颜徜徉于莽莽昆仑、巍巍祁连。而当时草肥水美的德令哈正是她主宰的领地，也是古羌人游牧栖息的家园。在昆仑神话中就有四个瑶池的传说，其一是青海湖，西王母与周穆公瑶池相会的天界圣地。其二是昆仑山瑶池，西王母与周天子互赠信物、长吟辞赋的雪山神湖。其三是托素湖，西王母捧一把精盐赠予周穆王的天空之镜。其四是哈拉淖尔，西王母牵来八匹祁连龙驹，任凭周贤王驾驭着载满昆仑宝玉的御车驰骋的云端故土……

早在1700多年前，即公元284年，驻牧辽东半岛的鲜卑族慕容部落的吐谷浑，虽然是部落首领涉归的长子，并且胸怀大志，英武雄健，能征善战，却因为庶出而不能继承王位。他的嫡生兄弟慕容廆继承了汗位之后，便对吐谷浑多有提防和戒备。为了打消弟弟的顾虑，吐谷浑也是处处小心，时时谨慎，不敢有半点马虎和闪失。但不可避免的事情还是意想不到地发生了。有一天，慕容廆和吐谷浑两部的马群，在草场上发生了一场牧马人司空见惯的马斗事件。

为此，兄弟二人产生了水火难容的矛盾，发生了几乎兵戎相见的争执。吐谷浑在被迫无奈之下率领部众，从辽河之滨踏上了一条长达三十年之久，一路风餐露宿，沿途远交近掠的西

部大迁徙。据说，当吐谷浑带领部族开始走上遥遥无期、前途未卜的西行之旅时，追悔莫及的弟弟慕容廆也曾派大臣前来劝说。吐谷浑难却弟弟这番盛情，在坚辞不过的情形中说道，那就看这些马匹的心愿吧！你们试着把它们往东赶，它们要是回去，我就回去。

可是，当头马在使臣的诱导下领着马群往东走出数百步之后，忽然发出一阵欻然悲鸣、声若颓山的长嘶，迅速调头西奔，在吐谷浑面前站定。吐谷浑说，你们都看见了吧！马都心已远去，我又能如何反悔呢？

吐谷浑带领部族历经千里迢迢的艰难跋涉之后，终于落脚在天似穹庐，地广如海，风吹草低见牛羊的海西牧场。公元 329 年，吐谷浑的嫡孙叶延承袭为首领，创建了以祖父吐谷浑名字为国号的吐谷浑王国。

时隔千百年之后的2002年8月，考古工作者在德令哈市郭里木乡的巴音河畔，发掘了两座曾经被盗的古墓。经考古专家鉴定，绘制在三具棺木板上的精美彩画，内容丰富多彩，蕴含极为深厚。彩绘画工高超，风格独特奇绝。表现了一位吐谷浑可汗生前的生活场景。这些惊世骇俗的彩绘壁画，堪称青海考古史上绝无仅有的奇画。

历史学家认为，吐谷浑从公元329年建立王国，到公元663年被吐蕃所灭，转而成为吐蕃王朝的一个邦国。这个颇具神秘色彩，置城郭而不居，生死存亡都依托于马背的慕容氏政权存在了330多年之久，而鼎盛时期的疆域东起甘肃南部、四川西北，南抵今青海南部，西至新疆若羌、且末，北与祁连山、河西走廊相接。

由此可见，今天的德令哈恰恰就处于吐谷浑王朝的统治范围。因此，考古专家认为，德令哈不仅是吐谷浑衔接长安的官方驿站，更是长安望族和中原商贾通商西域的丝绸要道。它不仅护佑和见证了丝绸之路青海道的辉煌，也目睹和经历了丝绸之路青海道的悲伤。

公元663年，一群来自喜马拉雅的雄狮，在继承王位、逐渐强势的松赞干布率领下，像雪崩一样覆盖了这片苍茫的大地。日益兴盛、如日中天的吐蕃王朝，由此取代了日落西山、逐渐衰落的吐谷浑王国。而德令哈也就成为继吐谷浑之后，丝绸之路青海道的护卫者和见证者。中国历史上著名的丝绸之路青海道，是为了避开河西走廊的战乱而开启的安全通道。其繁荣程度一点也不亚于人们熟知的新疆经河西走廊到长安的那段丝绸之路。

跋涉大漠戈壁的驼队，依然行走在时光的长廊。摇醒漫长丝路的驼铃，依然叮咚作响于岁月的山莽……而就在这时，柴达木这本厚达千万年的日历，猝然间被立马昆仑山阙，遥指祁连南北，手握蒙古弯刀，征战欧亚大陆的元太祖成吉思汗（公元 1162 年—1227 年）翻开了崭新的一页。金色世界德令哈的名号由此延续迄今。

据文献记载，自成吉思汗之后，蒙古族进入青海的时间，大约是在元太宗窝阔台时期，它是德都蒙古青海史话的源头。而蒙古族真正大规模进驻青海，并长期生息繁衍于此，则是从公元 1436 年明王朝英宗继位之后，达延汗为统一蒙古的征战中开始的。到了万历年间，驻牧青海的蒙古族部众已达“十万之众”。可以想象，那时的德令哈是怎样的一种牧野景象……

巴音河水静静地流淌着，继续雕琢刻画着德令哈的山川大地。它虽然无法左右一个风云突变的世纪，但却能见证一个伟人的丰功伟绩。

公元 17 世纪，西藏政教合一的政局因教派斗争而风云迭起，纷争不断。那时，随着宗喀巴创立的格鲁派（世称黄教），自 15 世纪在西藏地区得到迅速传播，逐步形成了甘丹寺、哲蚌寺、色拉寺、扎什伦布寺等庞大的寺院集团。

格鲁派的隆盛，影响了其他教派的利益，明万历四十六年（公元1618年），噶玛噶举派辛霞巴家族在后藏建立了第悉藏巴政权之后，便将格鲁派视为劲敌，与其纷争连绵，并且串通一度统治青海牧区的却图汗，共同打击格鲁派。

据松巴·益西班觉《青海史》记载，公元1632年，却图汗在“蒙古六大部兴乱之时，因与喀尔喀诸酋长不和而被逐，窜至青海”。却图汗是噶举派信徒，他“杀死大批在青海地区的黄教僧人，或把他们监禁起来”。并与康区白利土司和藏巴汗结成联盟，“立誓要摧毁色拉、哲蚌、甘丹三大寺，消灭格鲁派”。

生死关头，何以援手？格鲁派首领人物罗桑确吉坚赞派使

者赴卫拉特蒙古，请求出兵援助。据《青海史》记载：固始汗当时就向各位首领明确表示，“我愿去西藏”。

于是，雄才大略的固始汗，在他的“知命之年”，以格鲁派护法王的身份，更以避免部族纷争而寻找生存空间的远大卓识，走上了统一青藏高原，建立固始汗国的政治舞台。据历史记载，公元1636年，这支在固始汗与巴图尔珲台吉率领下的队伍进军青海，以一万精兵与却图汗三万之众进行了一场恶战，以少胜多，大败却图汗而定鼎青藏高原。

时隔370多年之后，由塔尔寺赛多活佛创建，法名为“丹巴培吉林”，意为“佛法兴旺洲”的阿力腾德令哈寺院在巴音

河畔落成。据说，当时的寺院占地面积达2383平方米，一座经堂就有165平方米，寺内藏有珍贵的文物、琳琅的法器、千姿百态的佛像和浩瀚的文献藏书，是一座佛教艺术的宝库。

今天的阿力腾德令哈寺，是在经历了历史的劫难之后，重建于德令哈市河东幸福路北侧、依山傍水、风景优美、地处幽静的梵天净土。它不仅是德令哈的一道人文景观，更是信奉和敬仰宗喀巴的圣地。

……

历史的剧目如此相像，当年的吐谷浑为了让兄弟慕容廆摈弃前嫌，安居乐业而一路西迁，在青藏高原创建了一个势力庞大的吐谷浑王国。与吐谷浑西迁相隔1350多年之后，西蒙古和硕特首领固始汗，为了避免部族纷争，也为了实现像先辈们一样的宏伟大业，毅然决然地告别了天山牧场，统一了因教派纷争而刀光剑影的青藏高原。

此时，阿力腾德令哈寺的金顶，在雨后的朝阳下闪耀着无与伦比的祥光。在金河般流动的经筒为我讲完了德令哈的前世之后，一位身披绛红色袈裟的老迈僧人，又递给我了一本被藏香熏黄了的经书。他说这就是阿力腾德令哈。